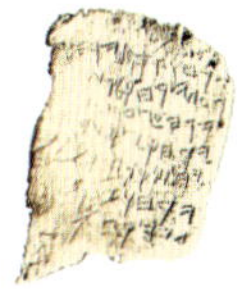

구약성경 패스파인더

구약성경 패스파인더

초판 6쇄 발행 2017년 9월 15일

지은이 바루흐 사렐
옮긴이 변순복
펴낸이 장대윤

펴낸곳 도서출판 대서
등록 제22-2411호
주소 서울시 서초구 방배동 981-56
전화 02-583-0612 / 팩스 02-583-0543
메일 daiseo1216@hanmail.net

디자인 참디자인(02-3216-1085)

ISBN 978-89-92619-35-6 03230

책값은 뒷표지에 있습니다.
잘못된 책은 교환하여 드립니다.

구약성경 · 지도입문

구약성경 패스파인더

바루흐 사렐 지음 – 변순복 옮김

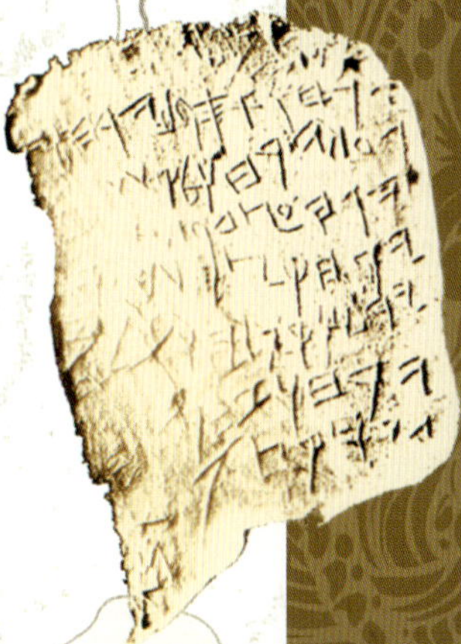

도서출판 대서

Contents **차례**

Preface 서문

아이들은 가정에서는 부모님이나 조부모님, 주일학교에서는 — 이름도 성경에서 본 듯한 — 선생님께로부터 성경 이야기를 듣는다. 그러다가 어느 정도 나이가 차면 성경 연구에 본격 돌입하게 되는데 워낙 범위가 방대하니 대개는 '책(books)'과 '장(chapters)'을 미리 정해두고 이를 집중 공략한다. 물론 그러면 심도 있는 학습과 강도 높은 수업은 기대할 수 있겠지만 성인이 되기까지 기억에 남는 부분은 얼마 되지 않을 것이다. 일화 몇 개와 특출한 인물내지는 구절 몇 마디가 전부인 데다, 이제껏 배운 것을 기억나는 대로 적어보라면 '두서너 장은 쓸 수 있을지,' '내용은 정확할지' 확신하기조차 어려울지도 모르겠다.

그렇다면 방대한 지식을 습득했건만 여태 가르치고 연구한 성경이 머릿속에서 자취를 감추는 까닭은 무엇일까? 한 가지 그럴듯한 이유는 시종(始終)을 포괄하는 틀을 갖추지 않은 채 성경을 토막토막 공부했기 때문이다. 구조적인 틀은 어느 정도 강조해야 마땅하다고 생각한다. 틀이 있어야 성경 공부도 할 맛이 나고 기억에도 오래 남을 테니 말이다. 『구약성경 패스파인더』가 바로 그런 틀을 — 성경을 이해하는 데 필요한 역사·지리적 배경과 더불어 손에 잡힐 듯 생생한 시공의 틀에서 사건과 인물을 조명 — 제시한다.

이 책의 전제는 '성경 연구는 증거가 뒷받침돼야 한다.'는 생각을 버리는 데서 출발한다. 성경은 유대교와 기독교 및 서양 문화와는 뗄래야 뗄 수가 없다. 따라서 인류와 유대교 및 기독교 문화에서 성경을 배제한다면 그들의 근간은 물론이거니와 그 의미도 대부분 퇴색되고 말 것이다. 즉, 성경은 증거에 관계없이 반드시 연구해야 한다는 얘기다.

성경은 연구 방법도 그렇지만 사람마다 이를 이해하는 수준도 같을 수는 없다. 게다가 개인의 신앙과 가치관 역시 천차만별이나 성경은 시종일관 단호한 입장을 굳게 지켜왔다. 필자는 그런 신념으로 이 책을 집필했다.

성경 구절은 일부러 오래된 번역본을 — 킹 제임스 버전(the King James Version) — 인용했으며 현대판 번역 성경은 참고하지 않았다. 킹 제임스 역본은 영국의 대문호인 셰익스피어가 활동했던 17세기 초에 학자들이 완성했는데 고풍스런 언어에서 히브리어 성경의 웅장함과 단조로움이 아울러 느껴진다. 히브리어 성경의 '향취(flavor)'를 맛볼 수 있는 역본이 킹 제임스 버전 말고는 없기에, 혹자는 "성경이 원래 영어로 쓰였더라면 바로 이랬을 것"이라고 이야기한다.

성경 땅의 지도

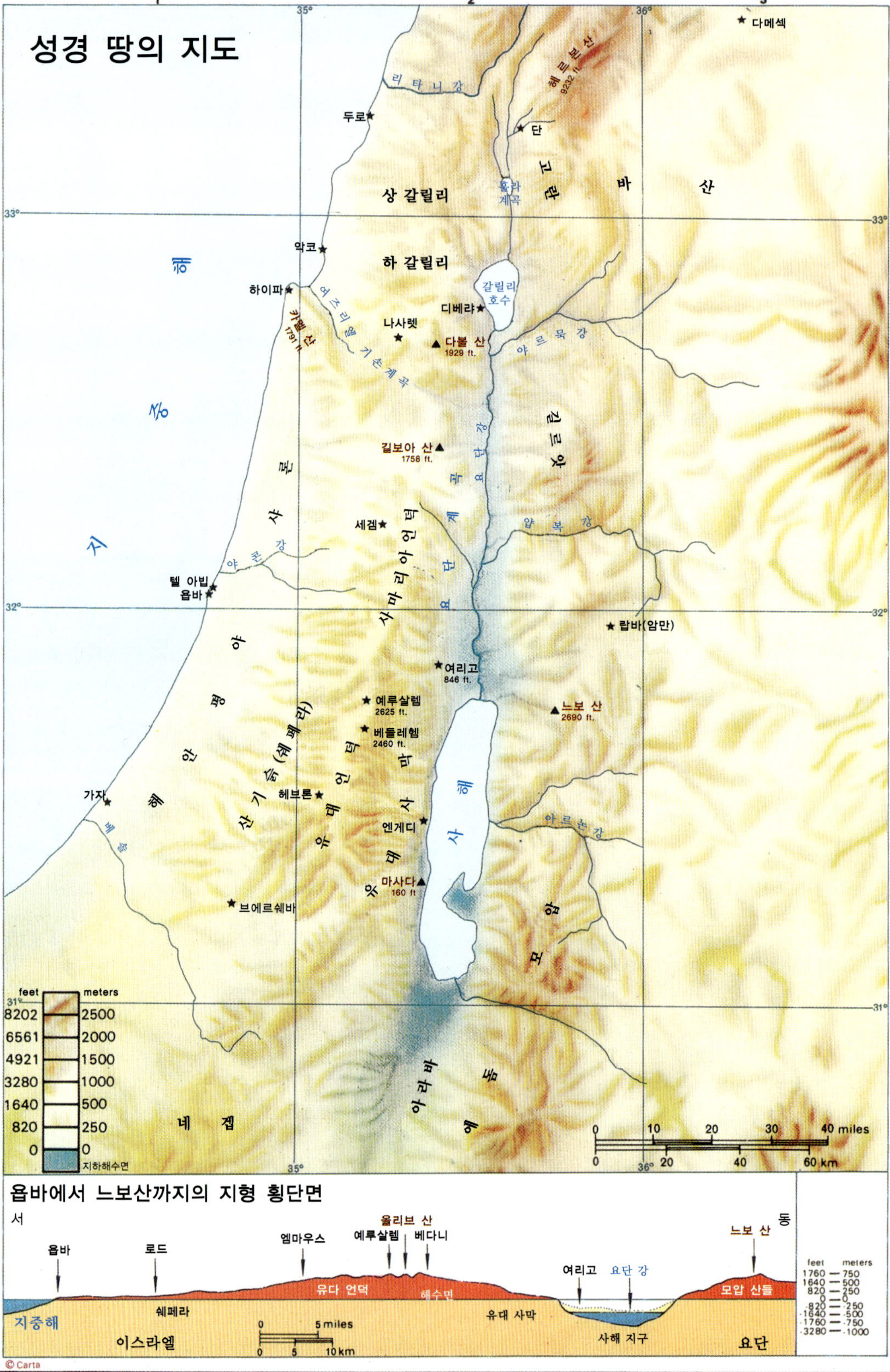
리타니 강
헤르몬 산
9232 ft.
다메섹
두로
단
홀라 계곡
고란
바산
상 갈릴리
하 갈릴리
악코
하이파
갈릴리 호수
디베랴
나사렛
갈멜 산
1791 ft.
이스르엘 기손계곡
다볼 산
1929 ft.
야르묵 강
지중해
길보아 산
1758 ft.
길르앗
요단 강
요단 계곡
샤론
세겜
얍복 강
야콘 강
사마리아 언덕
텔 아빕
욥바
랍바(암만)
해안 평야
여리고
846 ft.
예루살렘
2625 ft.
느보 산
2690 ft.
베들레헴
2460 ft.
산기슭(쉐펠라)
유대 언덕
유대 사막
헤브론
가자
사해
엔게디
아르논 강
베솔
마사다
160 ft
브에르쉐바
모압
네겝
아라바
에돔
feet
meters
8202
2500
6561
2000
4921
1500
3280
1000
1640
500
820
250
0
0
지하해수면
0
10
20
30
40 miles
0
20
40
60 km
35°
36°
33°
32°
31°
1
2
3
A
B
C
D
욥바에서 느보산까지의 지형 횡단면
서
동
욥바
로드
엠마우스
올리브 산
예루살렘
베다니
여리고
요단 강
느보 산
유다 언덕
해수면
모압 산들
지중해
쉐펠라
유대 사막
사해 지구
이스라엘
요단
0
5 miles
0
5
10 km
feet
meters
1760 — 750
1640 — 500
820 — 250
0 — 0
-820 — -250
-1640 — -500
-1760 — -750
-3280 — -1000

01

구약성경

The Hebrew Bible

유태인들은 성경을 '타나크(Tanakh)'라고 부르는데, 이 말은 토라(Torah, 모세오경)와 너비임(Nevi'im, 선지서) 및 커투빔(Ketuvim, 성문서)의 앞 글자를 조합한 합성어[1]이다. 후에 기독교인들은 정경에 들지 않은 '외경(the Apocrypha)'으로부터 정경에 포함된 책을 구별하려고 정경에 포함된 경전을 모아 '성경'이라고 부르게 되었다. 또한 성경은 영어로 '스크립처(Scripture)'라고도 하는데 이는 히브리어 '미크라(Mikra, 읽음)'[2]의 원뜻을 충분히 반영한 것으로, 성경 본문이 문서로 제작되어(구전이 아님) 읽힌다는 점을 시사한다. 또한 '미크라'는 애당초 집필 의도가 없었던 '미쉬나(the Mishnah)'[3] 및 '미드라쉬(the Midrash)'[4]와 구별하여 성경을 가리키는 명칭이기도 하다. 성경은 (아래와 같이) 24권으로 분류된다.

성경 편집은 제2성전 시기까지 거슬러 올라간다. 성경에서 제외된 책들은 소

1) 토라의 'ㅌ'과 너비임의 'ㄴ'과 커투빔의 'ㅋ'을 모아 모음부호 'ㅏ'를 붙여 '타나크'라 하였다.
2) '미크라'는 히브리어로 '읽음', '들음', '행함'이라는 의미가 있다. 성경을 읽는 가운데 하나님의 음성을 들어야 하고 들었으면 들은대로 행해야 한다는 것을 가르치는 용어이다.
3) 구전으로 전하여오던 구전토라를 문서화 한 것을 가리키는 용어이다.
4) 유대인의 성경주석이다.

실됐거나 외경으로 분류됐으며 '장'과 '절'은 탈무드 집필시기에 나누기 시작해서 9세기에 — 각 단어의 음절을 강조하고 억양과 구두점을 아우르는 '낭송용 부호(ta'amei hamikra, cantillation signs)'도 추가 — 완성됐다. 10세기 무렵 디베랴 학자들이 완성한 마소라(the Masorah) 본문은 각 단어에 모음부호를 붙여 읽도록 했다. 사실, 현대 성경의 장(chapters) · 절(verses)은 중세 기독교 학자들이 나눈 것을 유대인들이 14세기에 도입한 이후 16세기 베니스에서 발행된 구약 인쇄본을 통해(얼핏 보기에는 유대·기독교간 논쟁을 불러일으키려는 목적인 듯싶기도 하다) 널리 알려졌다. 중세에는 오경을 매주 회당에서 읽는 분량으로 나누기도 했는데[5] 양피지에 손수 기록한 오경인 토라 사본이 그랬으며, 이를 기록할 수 있는 자격은 서기관(scribes, sofer stam)에게만 있었다.

한편, 히브리어를 모르는 일반 유대인들이 점차 늘어나자 성경 번역의 필요성이 제기되었다. 가장 이른 데다 두루 알려진 역본은 제2성전 당시 완성된 70인 역(the Septuagint)이나, 유대인사이에서 통용되던 아람어 고대 역본도 다수 있었다. 그중 가장 잘 알려진 역본으로는 탈굼 온켈로스(Targum Onkelos)와 탈굼 요나단(Targum Jonathan) 및 탈굼 여루샬미(Targum Yerushalmi, 팔레스타인 탈굼)가 있으며, 훗날 성경은 라틴어(불가타, the Vulgate)를 비롯한 전 세계 언어로 번역되면서 새번역 및 개정판이 양산되었다.

성경은 유대 문화의 근간이다. 미쉬나와 탈무드는 오경을 근거로 집필되었고 성경전서는 미드라쉬의(성경주석으로, 기원은 제2성전 시기까지 거슬러 올라가며 12세기까지 기록되었다) 소재가 되었다. 성경의 중심 사상은 '세상을 창조하시고 이스라엘을 당신의 선민으로 삼으신, 유일하신 하나님'을 믿는 것이다. 성경은 내용(contents)을 근거로 분류하기도 하는데 이를테면, 오경은 하나님과 이스라엘 백성의 언약을, 전(前)선지서는 언약의 성취와(이스라엘이 계명을 준행하고 주님께서 그들을 가

5) 유대인들은 토라(오경)를 54부분으로 나누어 한 주에 한 부분씩 읽고 연구하면서 일년에 일독할 수 있도록 나누었다.

나안에 정착시킴) 결과를 다루었고, 후(後)선지서는 하나님께서 불순종한 이스라엘을 심판하시고 선지자를 보내 그들을 구원으로 인도하신다는 이야기이며, 성문서는 개인 혹은 백성이 하나님께 올린 기도문(시편)과 지혜서(잠언과 욥기 및 전도서), 기념서(다니엘과 에스라 및 느헤미야), 이스라엘의 역사(역대기) 및 오축(Five Scrolls)으로 구성된다. 또한 성경은 역사적인 사건부터 산문과 격언, 법령, 비유, 책망 및 기도문 등, 언어적으로나 구조적으로나 그 기록 양식이 매우 다양한 탓에 '원문에 충실한 해석'과 '우화(fables),' '알레고리,' '성서비평,' '문헌분석' 등, 성경을 해석하는 수단 역시 각양각색이다.

성경은 서양 종교뿐 아니라 속세(종교와는 거리가 먼)의 교육에도 일익을 담당해 왔다. 즉, 종교와 사회, 범국민적인 운동(national movement) 및 예술(특히 문학) 분야에서 통찰력의 원천이 되었고 앞으로도 그럴 것이다. 유일신 종교도(유대교와 기독교 및 이슬람교) 성경의 영향을 크게 받았으며, 오늘날까지 최고의 인기를 누리고 높이 평가되며 가장 많이 인용되는 책 역시 성경이다.

토라(오경, 모세의 책 다섯 권)
1. 창세기
2. 출애굽기
3. 레위기
4. 민수기
5. 신명기

너비임

전 선지서
6. 여호수아
7. 사사기
8. 사무엘
9. 열왕기

후 선지서

대선지서
10. 이사야
11. 예레미야
12. 에스겔

소선지서
13. 12권을 1권으로 봄
 호세아
 요엘
 아모스
 오바댜
 요나
 미가
 나훔
 하박국
 스바냐
 학개
 스가랴
 말라기

커투빔(성문서)

지혜서
14. 시편
15. 잠언
16. 욥기

오축(다섯 두루마리)
17. 아가
18. 룻기
19. 애가
20. 전도서
21. 에스더

그 외의 책
22. 다니엘
23. 에스라·느헤미야

역사요약
24. 역대기

02

구약 개관

The Books of the Bible

토라(오경, 모세의 책 다섯 권)

창세기(베레이시트)

"태초에(베레이쉬트) 하나님이 천지를 창조하시니라." 1장 1절의 첫 단어를 『창세기』 제목으로 삼았다. 장수는 모두 50장이며 1장부터 11장까지는 천지창조부터 바벨탑 사건을, 그 이후 12장부터 50장까지는 애굽으로 이주하기까지 족장의 생애를 기록했다(족장: 아브라함, 이삭, 야곱).

출애굽기(슈모트)

1장 1절 "애굽에 이른 이스라엘 아들들의 이름은(슈모트) 이러하니 ……"에서 제목을 따온 『출애굽기』는 총 40장으로 구성되며 애굽에서의 노예생활과 출애굽, 홍해 찬가(歌), 광야 여정, 원리가 되는 열마디 말씀(십계명), 성막 건설, 성물 제작 및 제사장의 의무와 제사장의 구별된 옷에 관한 기록을 담고 있다.

레위기(바이크라)

"여호와께서 회막에서 모세를 부르시고(바이크라) …."로 시작하며 전체 27장이 대개 성전 의식과 성례, 제사법, 아론과 그 아들의 제사장 위임식, 음식 규례, 예식적인 부정과 순결, 대속죄일 예배, 근친상간 규정, 제사장 위임, 안식일을 비롯한 절기들, 서원과 헌신, 안식년과 희년 및 보상과 심판을 두루 기술했다. 특별히 『레위기』는 '제사장 안내서(Priest's Manual)' 이며 '성막사용 설명서' 라고도 부른다.

민수기(버미드바르)

"여호와께서 시내 광야(버미드바르) 증거의 장막에서 모세에게 말씀하여 이르시되 ……." 총 36장 중 3분의 1은 출애굽 이후 광야 여정의 연장 기록이며 나머지는 성전 제사 및 예배 규정을 기록했다. 전, 후반 양끝에 이스라엘 인구통계가 수록된 까닭에 『민수기』를 두고 '재적자(在籍)들의 오경(Hummash of the Numbered)'이라고 한다.

신명기(드바림)

"이는 모세가 선포한 …… 말씀(드바림)이니라." 『신명기』는 34장으로 구성되며 오경에 기록된 토라가 대부분 반복되는 탓에 '미쉬네 토라('토라의 재기록the Repetition of the Torah'이란 뜻으로 헬라어 역은 이를 제2 율법Second Law이라고 옮겼다)'라고 부른다. 모압에 이르기까지의 회상과 각종 율법과 규례, 순종과 불순종에 따른 축복과 심판, 모세의 고별사와 죽음을 다는 설교된 법이며, 설교의 주제는 '하나님께 순종하는 자녀를 낳으라'는 것이다.

| 선지서

• 전(前)선지서

여호수아

눈(Nun)의 아들이나, 모세 사망 이후 이스라엘의 지도자가 된 여호수아의 업적과 그가 치른 전쟁을 기록했다. 총 24장으로 된 『여호수아』는 가나안 정복과(1-12장) 지파별 토지분배, 도피성(13-22장), 여호수아의 유언과 증언 및 죽음을 수록했다(23-24장).

사사기

가나안 정복과 왕정사이의 연대기로, 당시 '사사들(Judges)'은 ―백성들의 지도자 ― 위기의 시대에 적으로부터 백성이나 이웃 민족들을 보호했다. 그들은 태평한 시대에도 지도자의 신분을 이어갔으며 전쟁의 위협 없이도 사사가 된 자들도 몇몇 있었다. 『사사기』는 도합 21장이다.

사무엘

마지막 사사이자 이스라엘 모든 지파의 지도자 이름과 책의 제목이 같다. 70인 역과 라틴어 역본이 나온 이후 『사무엘』은 내용이 방대하여 『사무엘상(31장)』과 『사무엘하(24장)』 둘로 나눴으며, 중심인물로는 사무엘 일대기(삼상 1-12장), 사울 왕조와 그의 죽음(삼상 13장-삼하 1장) 및 다윗의 통치(삼하 2-24장) 세부분으로 분류할 수 있다.

열왕기

『열왕기』도 늦게나마 『열왕기상(22장)』과 『열왕기하(25장)』로 나누었으나 내용을 반영하진 않았다. 이 책은 다윗의 통치 말기와 솔로몬 왕국, 통일왕국의 분열, 유다와 이스라엘 왕국의 역사(왕과 통치 기간도 아울러 수록), 10지파 추방, 유다 왕국의 종말 및 바벨론 유수를 다루었다.

• 후(後)선지서

이사야

전통적으로 『이사야』는 아모쯔의 아들 이사야 선지자의 예언을 기록한 책이라고 하나 현대 성경학자들에 따르면, 1-39장 까지는 주전 8세기 후반에 활동한 이사야가 기록했고 40장부터 마지막 66장까지는 주전 7세기 초, 어느 익명의 선지자가 썼을 거라고 한다. 그들은 두 부분이 한 권으로 편집된 탓에 둘째 저자를 '제2의 이사야(the second Isaiah, Deutero-Isaiah)'라고 부르기도 했다. 그러나 전체를 한 저자가 기록한 한권의 책으로 보아야한다(역자주). 한편, 본문을 내용별로 묶으면 1-35장은 비참한 고통과 구원, 분노와 책망 및 종말을 다루었고, 36-39장과 마지막까지는 '히스기야 왕의 통치'와 '구원 및 심판의 날에 대한 예언'을 각각 기술했다.

예레미야

『예레미야』를 기록한 예레미야 선지자(힐기야의 아들)는 요시야가 집권한 이후 제1성전이 무너지기까지 약 40년간 유다에서 활동했다. 52장으로 구성된 『예레미야』는 다음과 같이 나눌 수 있다. 1-25장까지는 분노와 책망을, 26-45장까지는 역사적 사건에 얽힌 예언을 각각 기록했고, 46-51장은 이방 민족에 대한 계시를 밝혔으며, 52장은 유다 왕국의 종말과 바벨론 여호야긴 왕조의 역사를 기록했다.

에스겔

제사장 부시의 아들인 에스겔 선지자가 쓴 책이다. 당시 에스겔은 제1성전이 파괴되고 여호야긴(주전 597년) 왕과 함께 바벨론에 끌려가 그발(Chebar)강가 텔아비브(Tel-abib)에 정착했다. 48장으로 된『에스겔』은 내용상, 부름 받은 에스겔 선지자와 예루살렘의 운명(1-24장), 이방 민족의 운명(25-32), 위안과 완전한 회복에 대한 예언(33-39) 그리고 향후 성전 건설과 제사장의 율례 및 이스라엘 지파의 영토 재분배(40-48)를 다루었다.

• 소 선지서 12권

호세아

웃시야와 요담, 아하스 및 히스기야가 유다 왕을 비롯하여, 요아스의 아들 여로보암이 이스라엘 왕이 된 시대에, 브에리의 아들 호세아 선지자를 다룬 책으로, 그는 대개 북이스라엘 왕국을 두고 예언했다.『호세아』는 14장으로 나뉘며 역사적 사건에 얽힌 예언들과(1-3장), 이스라엘의 범죄, 이미 경고했던 심판 및 회복의 예언(4-14장)을 기록했다.

요엘

브두엘의 아들 요엘 선지자의 책이다. 그의 예언 시기를 두고는 일찍이 미쉬나 · 탈무드 집필 당시부터 논쟁이 벌어졌다. 혹자는 요엘이 여호람(아합의 아들) 시대에 활동했다고 추정한 반면 다른 학자들은 므낫세 집권 당시라고 주장했다. 그러나 현대 학자들은 예루살렘 귀환(주전 6세기 말-5세기 초)까지 시기를 늦춘다. 1-2장은 메뚜기 재앙을 기술하고 회개를 촉구했으며, 3-4장[6]은 유대인을

6) 한글성경은 3장으로 되어 있으나 히브리어 성경은 4장으로 되어있다. 장절 구분이 다른 것이지 내용은 똑같다.

박해한 민족이 심판을 당한다는 경고와 함께 예루살렘으로의 귀환을 약속하며 끝을 맺는다.

아모스

유다 왕 웃시야와, 이스라엘 왕 요아스의 아들인 여로보암 시대에 드고아의 목자 중 선지자 아모스가 이스라엘을 두고 예언한 말씀이다. 그는 호세아와 이사야 및 미가 선지자와 동시대를 살았다. 9장으로 된 『아모스』는 정의를 촉구하며 부당한 관행에 맞서는가 하면, 빈민을 억압하고 정욕을 추구하는 부유층과 우상숭배자 및 이방 민족과 결탁한 자들을 책망했다.

오바댜

선지자 오바댜의 책으로, 현대 학자들은 그가 제1성전이 무너진 후 활동했다고 추정한다. 그러나 오바댜는 가장 일찍 활동한 선지자로 보는것이 좋다(역자주). 『오바댜』는 1장 21절까지가 전부며, 자만심과 이스라엘에 대한 증오심 탓에 에돔이 결국에는 멸망하고 원수가 이를 약탈할 거라고 예언했다.

요나

아밋대의 아들 요나가 니느웨에서 감당한 사명과 그 결과를 그린 책이다. 『요나』는 이스라엘 왕인 여로보암 2세 집권 당시 선지자로 활동했으리라 추정되며, 회개의 능력과 하나님의 위대하신 자비를 엿볼 수 있는 책이다.

미가

모레셋 사람인 미가 선지자의 책이다. 그는 유다 왕 요담과 아하스 및 히스기야 시대에 활동했으며 아모스, 호세아와 이사야 선지자와 동시대를 살았다. 7장으로 된 『미가』는 부패와 억압이 파멸을 초래한다고 책망하는가 하면 보편

적인 우애와 평화가 실현된 신세계가 도래할 거라며 구원의 메시지도 아울러 전파했다.

나훔

므낫세 왕의 전성기와 요시야 집권 말기까지 유다에서 활동한 나훔 선지자(엘고스 사람)의 책이다. 그는 멸망하는 니느웨 성의 환상으로 그의 책 석장을 대부분 할애했다.

하박국

하박국 선지자가 기록한 책이다. 전통적인 견해에 따르면, 하박국은 유다 왕 므낫세 집권 시절에 활동한 것으로 추정되나 현대 학자들은 여호야김 시대나 제1성전이 파괴된 이후에 무게를 두고 있다. 1-2장은 전 세계를 지배하는 악을 개탄하고 갈대아인의 흥망성쇠를 기록했으며, 3장은 이스라엘을 구원하시는 하나님의 모습을 노래했다.

스바냐

유다 왕 요시야의 시대에 활동했던, 구시의 아들 스바냐의 책이다. 그는 요시야 왕의 사회・종교개혁을 강화하는 데 주안점을 두고 예언했으며, 유다의 우상을 비난하고 심판의 날과 주변국의 최후, 분노가 가라앉은 후 찾아올 자비의 날을 석장에 담았다.

학개

예루살렘 귀환 당시 학개 선지자가 기록한 책이다. 두 장뿐인『학개』는 성전 완공을 촉구하고 백성을 위로했으며 거룩한 성전을 요구하는가 하면, 이교도 왕국이 쇠락하리라는 예언뿐 아니라 하나님께서 스알디엘의 아들 스룹바벨을

친히 선택하셨다는 사실을 밝혔다.

스가랴

예루살렘 귀환 시대에 베레갸의 아들인 스가랴 선지자의 책이다. 총 14장인 『스가랴』는 예루살렘 재건과 지도자들, 전 세계의 심판 및 메시야 시대를 첫 장부터 8장까지 예언했고, 나머지는 에브라임과 유다 및 주변국의 최후를 담았다. 일부 학자들은 후반부를 두고 다른 선지자가('제2의 스가랴' 혹은 그 이상) — 안티오쿠스(Antiochus) 집권 및 하스모니안 폭동 당시, 혹은 제1성전 시대긴 하나 그보다는 훨씬 전에 — 썼을 거라고 주장했다.

말라기

에스라 및 느헤미야와 같은 시대에 활동한, 마지막 선지자 말라기의 책으로 3장[7]으로 구성되었다. 그는 국제결혼과 억압 및 성전에 십일조를 바치지 않는 등, 해괴한 관행을 공박했다. 백성을 파멸에서 구하려는 일념으로 말이다.

---

7) 한글성경은 4장으로 되어 있으나 히브리어 성경은 3장으로 되어있다. 장절 구분이 다를 뿐 내용은 한글성경 히브리어 성경이 똑같다.

• 지혜서

시편

대개 하나님을 찬송하는 시 150편을 모아두었다. 『시편』은 크게 다섯 부분(1-41, 42-72, 73-89, 90-106, 107-150)으로 나뉘며 예로부터 저자는 다윗으로 알려졌다. 그러나 현대 학자들은 다윗 이전과 바벨론 포로기때 쓰인 시도 있다고 주장한다. 대개 찬송과 애가 및 푸념 등을 노래하는 『시편』은 유대교 기도책에 널리 인용되는가 하면 기독교 예배 형식에도 활용되어왔다.

잠언

지혜서로 분류된다. 『잠언』은 '가장 현명한' 솔로몬 왕이 지은 것으로 알려졌으나 일부는 다른 현자가 썼다는 주장도 있다. 이 책은 31장에 이르기까지 이스라엘뿐 아니라 전 인류를 상대로 국가 · 사회적 문제와 우애와 가정, 희로애락, 상업 및 교역 등 다양한 주제를 두고 이야기한다.

욥기

『욥기』는 보상과 심판의 문제와 더불어 '의인은 고통을 당하나 악인은 번영하는' 까닭을 묻고 있다. 또한 잠언과 같이 독자가 이스라엘 백성에 국한되지 않는 이 책은 내용과 구조에 따라 지혜서로 분류되며 42장으로 되어있다. 집필 시기는 제2성전 당시로 알려졌다(주전 5-4세기).

• 오축(다섯 두루마리)

아가

신부와 신랑의 애틋한 사랑을 그린 시를 담았다. 8장으로 이루어진 『아가』는 예부터 솔로몬 왕이 지었을 뿐만 아니라 하나님과 이스라엘 백성사이의 사랑을 비유적으로 그린 책으로 알려졌다. 『아가』는 유월절에 읽는다.

룻기

모압 여인이자 유대교로 개종하여 훗날 다윗의 계보를 잇는 모델이 된 룻의 일대기를 그린 책이다. 4장으로 된 『룻기』는 많은 유대법과 — 가난한 자에게 베푸는 자선과 할리짜(halitzah, 자식이 없는 미망인의 재혼을 위해 기업을 무르는 관행) — 이스라엘의 구원을 이야기했다. 또한 이 책은 배경이 추수기인 탓에 오순절(Pentecost)에 회당에서 읽는다.

애가(에이카)

"…… 어찌 그리(에이카) 적막하게 앉았는고. ……" 1절에 쓰인 단어로 제목을 붙였다. 『애가』는(저자는 예레미야로 알려졌다) 무너진 제1성전을 보며 애통해 하는 심정을 담았다. 장수는 도합 다섯으로 각 장마다 22절로 돼있으며(3장은 66절 — 22×3) 각 절의 첫 글자는 히브리어 알파벳 순서를 따랐다. 『애가』는 성전이 파괴된 날을 기억하는 금식일 아브월 9일(the Ninth of Av) 전날 저녁(eve)에 낭독하고 당일 낮에도 재차 읽는다.

전도서

『잠언』, 『욥』과 마찬가지로 지혜서로 분류된다. 일반적으로는 솔로몬이 노년에 쓴 책으로 알려졌으나 일부 성경학자들은 기록 시기를 제2성전 시대로 추정한다. 12장으로 된 『전도서』는 '수코트(Sukkot, 초막절)'에 회당에서 읽는다.

에스더

『에스더』는 아하수에로 왕(King Ahasuerus, 주전 5세기) 시대에 바사(Persia) · 메데(Media) 유대인들이 왕후 에스더의 공로로 멸절될 위기에서 구원받게 된 경위를 담았다. 유대인들은 이를 기념하기 위해 아다르(Adar)월 14-15일을 '부림절(the feast of Purim)'로 지키며, 회당에서 『에스더』를(10장) 저녁과 아침 예배때 한 번씩 읽는다.

• 그 외의 책(적용한 일물을 다룬 책)

다니엘

느부갓네살과 다리오 및 벨사살 왕궁의 다니엘과 세 동료의 일화를 비롯하여, 네 왕국(바벨론, 메데, 바사 및 그리스)을 — 훗날 천국으로 이어지는 — 상징적으로 보여준, 다니엘의 환상을 담았다. 12장 중 일부는 히브리어로(1:1-2:4, 8-12장), 나머지는 아람어로(2:4-7:28) 기록되었으나 그 시기와 장소는 분명치가 않다. 혹자는 이를 두고 주전 167년 안티오쿠스 집권 당시로 추정하기도 한다. 아울러 『다니엘』은 종말을 예고하는 탓에 유대교 신비주의(mysticism)와 메시야 사상 및 죽은 자의 부활 신앙이 발전하는 계기를 마련했다.

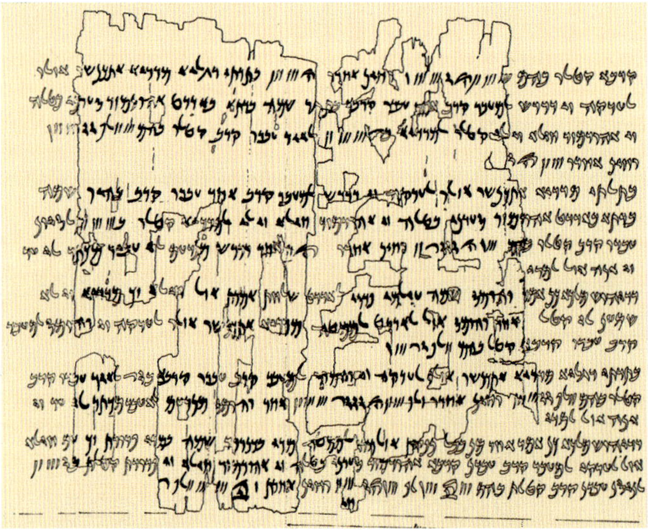

다리오가 점령한 많은 도시들이 나오는 문헌으로 BCE 5세기에 아람어로 번역된 문헌이다.

에스라

예루살렘 귀환을 이야기한다. 에스라는 10장

으로 이루어졌으며 6장까지는 고레스 칙령부터(주전 538년) 다리오 1세 때(주전 515년) 제2성전 봉헌을, 7-10장까지는 예루살렘에 돌아온 에스라를 — 아닥사스다 집권 시절부터 이방인 아내 추방까지(주전 458-426년) — 이야기했다. 본래 『에스라』와 『느헤미야』는 한권(『에스라』)이었으나 15세기 중엽 두 권으로 나뉘었다. 하지만 유대 전통은 이를 여전히 한 권으로 간주한다.

느헤미야

바사(Persia)왕 아닥사스다 1세가 유다 총독으로(주전 444-437년) 지명한, 하가랴의 아들 느헤미야의 이야기다. 『느헤미야』는 총 13장으로 구성된다. 느헤미야의 지도력으로 유다가 회복되고 유대인 공동체가 강성해졌으며 예루살렘 성벽이 복원되는가 하면, 주민들도 늘고 형편도 넉넉해졌으며 세금 부담이 낮아졌을 뿐 아니라 성전 예식이 거행되었으며 안식일이 강조되었고 이방인과의 결혼이 금지되었다.

• 역사 요약

역대기

『역대기』는 정통 유대교 성경의 마지막 책으로 70인 역에 따라 『역대상(29장)』과 『역대하(31장)』로 나뉜다. 집필 시기를 두고 여러 가지 학설이 있는데 혹자는 『에스라』와 같이 주전 4세기에 기록되었다고 추정한다. 『역대기』는 유다왕의 역사와 계보를 연대 순서로 기록했으나, 전 선지서와 모순되는 부분이 일부 발견된다.

03

고대 근동사

The Ancient Near East

아브라함이 밟은 땅이자, 출애굽 후 모세가 이스라엘을 인도한 땅(가나안 혹은 이스라엘)은 서쪽으로는 지중해가 자리를 잡았고 북과 북동쪽으로는 언덕과 높은 산이, 동남으로는 사막이 경계를 이룬다.

가나안은 동방의 페르시아만에서 북방으로는 메소포타미아(아람-나하라임), 서방으로는 시나이 반도까지(일명 '비옥한 초승달Fertile Crescent') 초승달 모양으로 뻗은 땅의 일부를 일컫는다. 메소포타미아를 흐르는 티그리스 · 유프라테스강과 지류 사이에 넓은 평원이 형성되어 비옥할 듯싶으나 가나안이 자리 잡은, '비옥한 초승달'의 서남단은 매우 좁은 탓에 강줄기도 좁고 짧아 그리 비옥하진 않다.

이스라엘 남쪽에 있는 이집트('나일강의 땅')에도 큰 강들이 흐르는데 이는 생활 · 관개용수뿐 아니라 소통(communication)의 역할까지 해냄으로써 조직 · 통합적인 문명이 발전하는 기반이 되었다. 일찍이 문명은 — 수메르와 아카드, 미탄니, 헷, 바벨론 및 앗수르 왕조를 비롯하여, 유프라테스와 티그리스강 제방에 자리를 잡은 메디아와 페르시아, 그리고 나일강을 따라서는 이집트 왕국(지리적 위치 탓에 발전에 제약이 따랐다) — 주전 4000년경에 형성됐다. 이스라엘은 메소포타미아와 이집트 문명 사이에 자리를 잡았다는 지정학적 위치 탓에 종종 '국제 교차로(international crossroad)'와 경쟁국들의 전쟁의 장이 되었다.

그러면 족장시대부터 예루살렘 귀환까지 성경과 맞물리는 중동의 역사를 되짚어보자.

주전 2000년 초, 유프라테스와 티그리스 계곡에 세워진 바벨론 왕국이 확장과 분열을 반복하다가, 18세기 들어 마리 왕국(the Mari kingdom)이 유프라테스 중간 지역에서 서진정책을 추진했으며, 그를 이어 미탄니 왕국이 유프라테스 상류지역에서 세력을 키워 더욱 융성해졌다.

주전 2000년, 이집트 왕국은 두 차례에 걸쳐 — 주전 1991-1786년 중간왕국

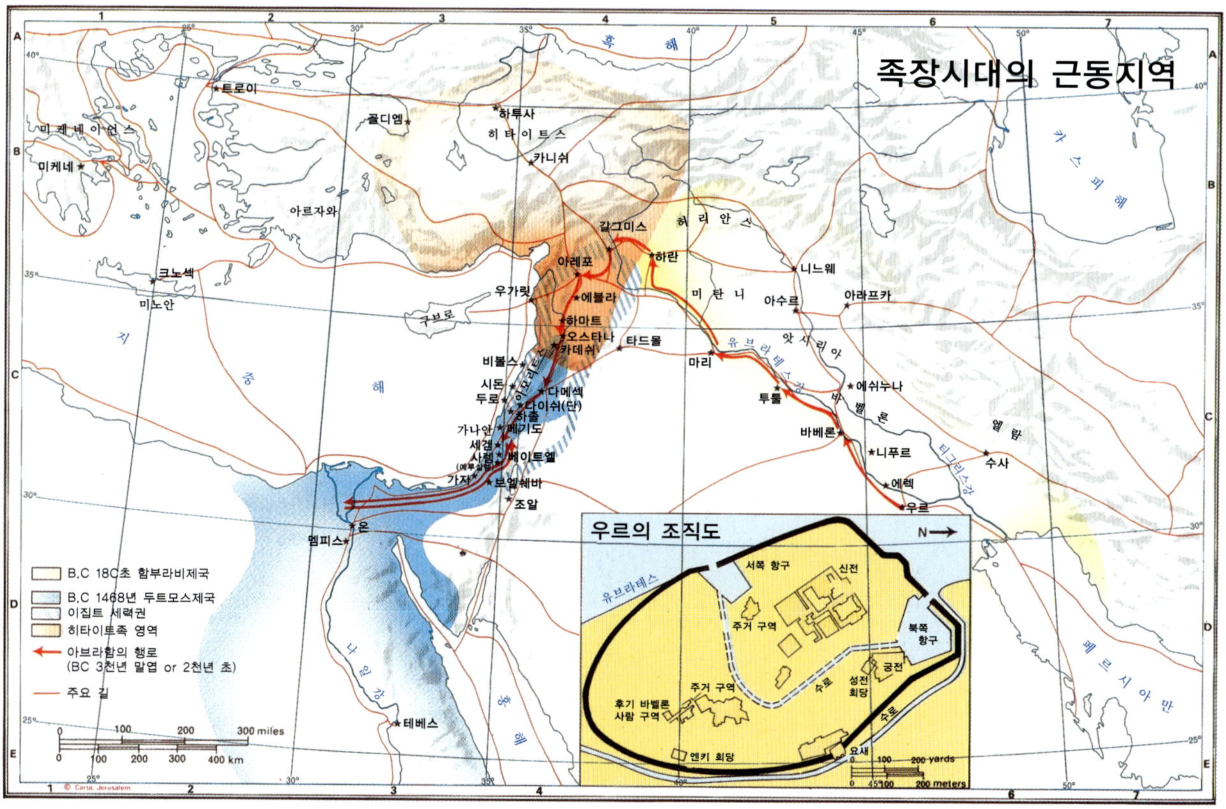

(the Middle Kingdom, 12대 왕조)과 1570-1150년 신(新)왕국(the New Kingdom, 18-20대 왕조) — 세력을 확장했고, 당시 이스라엘을 점령한 힉소스(the Hyksos, 셈족으로 구성)는 유프라테스까지 세력을 넓혀나갔다.

힉소스가 추방당한 이후 이집트 바로왕은 이스라엘과 시리아까지 영토를 확장해나갔다. 이집트 경쟁국으로는 북방의 미탄니 왕국을 비롯하여, 주전 1800년경 소아시아에 자리 잡은 히타이트 왕국을 꼽을 수 있는데 특히 히타이트족은 시리아까지 세력을 넓혔고 슈필루리우마왕(King Shuppiluliuma, 주전 1380-1350년까지) 집권 당시 전성기를 누렸다. 한편, 바로왕은 정국 안정과 민중의 동요를 막으려고 이따금씩 전쟁을 치르기도 했다. 예컨대, 투트모스 3세(Thutmose III)와 므깃도(Megiddo, 주전 15세기), 아멘호텝(Amenhotep, 1431, 1429년), 세티 1세(1303년), 람세스 2세 및 케데시(Kedesh, 1286년) 전쟁, 그리고 메르넵타(Merneptah, 1220년) 전쟁이 유명하다. 케데시 전쟁 이후 이집트와 히타이트는 협정을 체결했으나 결국 히타이트는 주전 1200년경에 멸망하고 이집트는 2000년 말에 또 다시 국력이 쇠약해졌다.

『창세기』와 『출애굽기』에서 밝혔듯이, 족장시대는 주전 2000년 중엽에 시작된다. 성경에 따르면, 아브라함은 메소포타미아 남부지방인 갈데아 우르(Ur of the Chaldees)를 떠나 유프라테스 상류에서 동쪽에 있는 하란에 잠시 정착했다고 한다. 그러고는 마침내 도시국가들이 대거 자리 잡은 가나안 땅을 밟았다. 그는 한때 가뭄과 기근이 들어 애굽으로 내려간 적이 있었는데, 그의 후손들 역시 극심한 기근으로 하란에서 애굽으로 갔고 거기서 4대를 살았다. 결국 이스라엘 민족의 역사는 모세의 인도로 이집트를 탈출, 여호수아의 영도아래 가나안에 정착한 데서 시작된다. 즉, 가나안 정착은 주전 13세기 이전에 시작되어 그 이후에 완료된 셈이다. 이집트 자료에 따르면, 주전 1220년의 메르넵타 중심기둥(the Merneptah Stele, '이스라엘 중심기둥'이라고도 한다)에서 '이스라엘'이 발견됐다고 한다(당시 가나안에 이스라엘 민족이 우거했다는 증거다).

가나안 정복 당시 이스라엘 남 · 서부 지역의 세력이 극도로 쇠약해지자 이스라엘은 가나안 도시국가와 해상민족만을 상대로 전쟁을 치렀다. 한편, 주전 1000년 초, 이집트의 시삭왕은 가나안 정복의 일환으로 르호보암 집권 당시 예루살렘을 정복하고(주전 924년) 성전의 보물과 왕궁을 약탈했지만 끝내 과거의 점령 지역을 탈환하진 못했다.

주전 1000-612년 사이에는 앗수르가 중동을 장악했다. 853년 갈갈 전투에서 서방 왕들은 — 다메섹의 하닷에셀과 이스라엘의 아합 및 하맛의 이르홀레니(Irhuleni)를 주축으로 — 앗수르 군사를 저지하기 위해 연합군을 형성했으나 몇 년 후 앗수르가 돌아와 각 왕국을 차례로 쓰러뜨렸다. 그 결과, 다메섹은 732년, 이스라엘(사마리아)는 722년에 몰락했고 유다는 앗수르의 속국이 되었다. 전성기를 누리던 앗수르는 소아시아의 동남쪽에 위치한 엘람과 팔레스타인 땅인 시리아 및 이집트 북부까지 진출했다(수도 노아몬은 663년에 약탈당했다).

결국 앗수르는 동방은 메데, 남방은 바벨론에 굴복했고 수도 니느웨성은 주전 612년 메데에 의해 함락되었다. 바벨론 왕국은 느부갓네살 2세 당시 전성기를 누렸다. 그는 605년 갈그미스(Carchemish) 전쟁에서 이집트를 무찔렀고 엘람과 북부 시리아 및 소아시아를 주름잡던 앗수르를 꺾었다. 598년, 느부갓네살은 유다 왕 여호야김이 주도한 반란을 잠재우기 위해 예루살렘으로 올라갔고, 시드기야의 반란으로 유다에 돌아와서는 유다 성읍을 하나씩 파괴했으며 예루살렘과 성전을 불살랐을 뿐만 아니라 주민 상당수를 추방했다. 주전 582년 반란의 결과는 또 다른 추방으로 이어졌다.

메데는 주전 550년까지 권력을 행사하다가 페르시아의 고레스에 의해 본국에 합병되었고 고레스는 서진정책을 추진하여 에게해(the Aegean Sea)까지 진출, 539년에는 바벨론을 점령했다. 성경은 고레스 혹은 '고레스 대왕(Cyrus the Great)'이 바벨론 유대인들을 본국에 돌려보낸 사건을 기술했다. 당시 이스라엘은 페르시아의 영토였으며, 총독에 내정된 인물로는 스알디엘의 아들 여룹바벨과 하가랴의 아들 느헤미야를 꼽는다(시온 귀환과 더불어 예루살렘이 복원되고 성전이 재건되었다). 페르시아 제국은 약 200년간 인도에서 구스까지(누비아Nubia) 영토를 넓혔다.

04

고대 근동 민족과 지역

The Peoples and Lands of the Ancient Near East

가나안

이스라엘의 옛 이름. 아브라함과 그 후손이 약속받은 땅이자 하란을 떠난 그가 이른 곳이기도 하다. 훗날 여호수아가 정복했고 그 시기를 전후하여 가나안에는 일곱 민족이 살고 있었다(헷족속을 비롯하여 브리스, 아모리, 가나안, 기르가스, 히위 및 여부스 족속). 가나안을 두고 일부 성경은 지중해 연안에 국한했으나 다른 구절은 트랜스요르단과 남부 시리아 및 동부 시나이를 아우르는 지역이라고 했다.

아모리

시리아와 이스라엘에 정착한 셈족을 가리킨다. 주전 3000년대 말과 2000년대 초 그들은 메소포타미아를 침략, 바벨론을 함락시키고(당시 그들은 바벨론 문화에 동화되었다) 군소 왕국(small kingdoms)을 세웠다. 바벨론 왕들 중 아모리 족속이 많은 이유가 바로 그 때문이다. 법전으로 유명한 하무라비(주전 1792-1750년)는 익히 들어봤을 것이다. 성경에 따르면 그들은, 계곡과 해안 평원에 정착한 가나안 사람과는 달리 산에 거주했다고 한다.

히타이트(헷)

인도 · 유럽 어족에 드는 히타이트는 아나톨리아(Anatolia)에 출현하여 고대 헷(Heth) 왕국(주전 1700-1230년)을 세웠고 전성기때는 아나톨리아와 시리아 영토를 대부분 점령했다(수도는 하투사(Hattusa, 혹은 Bogazkoy)). 그들은 이집트와 같이 '왕은 신의 사절(emissary of God)이며 죽는 즉시 신이 된다.'고 믿었으며 사회구조는 봉건(노예)사회에 가까웠다. 또한 언어는 하투사 왕실의 문헌으로 미루어, 수천 년간 상형문자가 보전된 것으로 추정된다. 왕국이 멸망한 이후에도 신(新) 헷 왕국(neo-Hittite)이 시리아와 남부 아나톨리아 도처에 세워졌다.

에돔

에돔은 고대 이스라엘 주변국 중 하나로 기원이 이스라엘과 흡사하다. 가나안 정착과 제1성전 시대에 그들은 사해 남쪽 세일산에 우거했으나 바벨론 유수 이후에는 네게브(the Negeb)와 헤브론 산지로 쫓겨났다. 제1성전이 종언을 고할 당시, 에돔 족속은 유다를 침략하여 멸망을 부추겼고 결국 그들과 개종자들은 요한 히르카누스(하스모니안)왕에게 굴복했다. 헤롯왕도 에돔 족속이었다.

모압

성경에 따르면, 모압은 롯과 그의 장녀 사이에 난 아들이며 모압 족속(셈족)의 족장이라고 한다. 모압 족속은 사해 동편에 정착했으며 — 문화가 고도로 발달했다 — 이스라엘과는 원수지간인 탓에 이스라엘의 정복활동에 대항하기도 했다(주전 9세기). 디본(Dibon)에서 발견된 메사 석주(the Mesha Stele)는 기원전 9세기로 추정되며 모압인이 새긴 흔적을 보면 모압 서체가 히브리어와 매우 흡사하다는 것을 알 수 있다.

암몬

롯과 막내딸 사이에서 태어난 벤암미(Ben-Ammi)의 후손을 일컫는다. 그들은 트랜스요르단(라밧베네암몬Rabbath-bene-ammon 지역)에 거주했다. 암몬 족속은 이스라엘에 정복되었으나 기회가 있을 때마다 반란을 일으켰다(물론 이긴 적은 없다). 암몬 문화를 두고는 모압과 같이 언어와 서체가 히브리어와 유사하다는 것 외에는 증거가 거의 없다.

아말렉

에서의 후손이며 에돔의 족장이기도 하다. 고대 아말렉 민족은 남방에 거주한 듯보이며 이스라엘 남방 민족과 격렬한 전투를 벌였다. 모세오경은 아말렉의 기억을 지우려고 노력했으나 사울왕은 그러지 못해 권좌를 잃고 말았다. 아말렉 족속은 히스기야 집권 당시 멸망했다.

앗수르

티그리스 북부에 위치한 고대 왕국 앗수르는 주신(主神) '아슈르(Asshur)'를 따서 이름을 지었다. 앗수르는 바벨론 보호국이던 주전 3000년 중엽에 티그리스 계곡에 이른 후, 주전 2000년 중엽에 제국을 이루었고 바벨론 성읍을 함락한 디글랏 빌레셀 1세(주전 1120-1074년) 집권 시절부터 영토를 확장하기 시작했다. 이스라엘과 시리아는 살만에셀 3세(Shalmaneser III, 주전 858-824년) 때 정복되었다. 또한 앗수르 제국은 디글랏 빌레셀 3세 때 전성기를 누렸으며 사르곤 2세(Sargon II)와 산헤립 및 에살핫돈(Esarhaddon) 시대까지 외부의 침략에 빼앗긴 영토는 없었으나 612년 바벨론과 메데가 앗수르의 수도 니느웨를 점령하자, 결국 앗수르의 통치는 주전 609년에 막을 내렸다.

바벨론

유프라테스 계곡 남부에 형성된 고대 도시이자 왕국을 일컫는다. 성경은 바벨론을 두고 시날(Shinar)이나 갈데아(Chaldea) 혹은 세삭(Sheshack)으로 기록한 듯 보이며, 가장 오래된 문명으로 알려진 수메르가 주전 6000(또는 7000)년경 이 지역에서 형성되었다. 셈족으로 이루어진 바벨론은 주전 2150년과 1740년 사이(왕정시대)에 융성했으나(하무라비 왕도 포함) 그 이후에는 주변국인 앗수르의 위협을 받았다. 예를 들어, 689년 앗수르 산헤립 왕이 바벨론 성읍을 멸망시킨 후, 느부갓네살 2세가 625년에 이를 다시 세웠지만 — 신 바벨론 제국의 왕들은 아람 족속인 갈데아인이었다 — 그 역시 페르시아의 고레스 왕 앞에서는 무릎을 꿇고 말았다(주전 539년). 성경에 따르면, 바벨론은 이스라엘 역사에 매우 중요한 역할을 한 것으로 나타났다. 이를테면, 아브라함은 갈데아 우르를 떠나 가나안에 이르렀고 느부갓네살은 유다를 점령했으며(주전 601년) 587년에는 유대인들이 바벨론에 끌려갔고 예루살렘에 귀환할 당시(에스라 · 느헤미야) 유다 민족은 대부분 바벨론에 남았다.

메데(메디아)

야벳 자손의 한 분파다. 카스피해(the Caspian Sea) 남서부 지역이 고대 메디아(Media) 왕국이 있던 자리였고 주민들은 준유목민(seminomads)이었다. 주전 8-6세기경 그들은 앗수르에 대항하기 위해 연합했으며 결국에는 키악사레스(Cyaxares) 집권 당시 바벨론의 도움으로 니느웨를 함락시킬 수 있었다. 주전 550년, 메데(메디아)와 바사(페르시아)는 합병되어 고레스 왕의 제국으로 발전했다.

바사(페르시아)

카스피해와 페르시아만 사이에 위치한 고대 왕국을 일컫는다. 페르시아는 주전 6세기 고레스 왕 집권 당시 대제국으로 부상했다. 고레스는 유대인들을 유다(시온)로 돌려보냈고 성전 재건을 허용했다. 『에스더』는 페르시아 왕 아하수에로의 일화를 다루었으나 정확히 누구를 가리키는지는 분명치가 않다.

미디안

아브라함과 그두라 사이에서 태어난 아들이자 미디안 족속(시내Sinai와 에돔산 사이의 가나안 땅 남방에 거하던)의 시조이나 정확한 기원은 알려지지 않았다. 그들은 아라비아 반도부터 두 경로를 따라 — 남방 집단(the southern group)은 에돔 및 에돔 남부 지역의 홍해 기슭에, 다른 집단은 시리아 사막의 최북단에 정착했다 — 이동했다. 성경에 따르면, 미디안 족속은 모압과 연합하여 이스라엘을 물리치려 했으나 결국 모세에게 굴복했고, 훗날에는 기드온이 활약하기 전까지 약 7년간 이스라엘을 통치했다고 한다.

아람

셈의 후손으로 유프라테스 서편에 기원을 둔 셈족을 일컫는다. 성경에 따르면, 아람 족속은 족장과 관계가 깊다고 한다. 그들은 주전 14세기에 처음 거론되었으나 사실 11세기 여러 지역으로 흩어질 때도 — 유프라테스와 티그리스에서 서부 아나톨리아까지, 아르메니아에서 북부 아라비아까지 — 점유율은 증가했었다. 아람 족속은 여러 왕국을 세워 패권이 한 왕국에서 다른 왕국으로 이동하기도 했다. 한편, 아람어는 훗날 그리스어가 대체하기 전까지 고대 사회의 '국제어'로 통용되었다. 아람어는 '페니키아 문자'를 — 히브리어 '사각체(square script)'와 아랍어 서체가 그로부터 비롯되었다 — 채택했다.

블레셋

주전 12세기 가나안에 정착했으나 셈족은 아니었다. 그들은 이스라엘 공격을 물리쳤으며 '블레셋(Philistia)'이라는 해안지대를 장악했다. 전설에 따르면, 그들은 크레타(Crete)를 떠난 해상민족 중 하나였다고 하며, '배를 타고(seafarers)' 교전에 능한 족속으로도 유명했다. 또한 블레셋 족속은 헬레니즘 당시 동화되기 전까지 그들의 왕국에 남아있었다.

해상민족(Sea Peoples)

이들은 주전 13-12세기에 히타이트 왕국을 무너뜨리고 소아시아와 에게해(Aegean area) 및 북아프리카에 정착했다. 그러나 주전 1170년 이집트의 람세스 3세에게 심한 공격을 받았다. 몇몇 학자들은 그들을 아카이아(Achaeans)인으로 간주하나 에트루리아(Etruscan)나 블레셋 족속과 동일시하는 학자들도 있다.

05

구약 연대기

Chronology of the Old Testament

전통적인 연대기를 따르자면, 오경(the Pentateuch)은 천지창조에서 모세의 죽음까지 약 2,500년의 역사를 담았고, 나머지는(전 · 후 선지서 및 성문서) 주전 13세기 가나안 정복부터 5세기 중엽 예루살렘 귀환과 성전 재건까지 약 800년사(史)를 기록했다.

다음 도표는 그간 있었던 굵직한 사건을 일목요연하게 정리해둔 것으로, 추정에 근거한 사건도 있지만 비교적 정확한 사실을 수록했다. 물론 '정확한' 연대는 어디까지나 기존의 연대 측정법을 따른 것이므로 다른 자료와 ±10년 정도는 차이가 날 수 있다.

아래 연대를 비롯하여 이 책은 모두 기원전의 사건을 다루었으므로 '주전(BCE)'이라는 말[8]은 종종 생략했다.

---

8) 일반적으로 주전이라는 말을 영어로 Before Crist의 약자글 BC를 쓴다. 그러나 일반 역사가들은 일반연대(Common Era)와 일반연대 전연대(Before Common Era)를 구분하여 CE와 BCE를 즐겨 사용한다.

족장시대	**2,000년 전반**
(아브라함과 이삭 및 야곱)	
애굽 탈출	13세기 전반
광야 여정	13세기 전반
트랜스요르단(Transjordan)에 입성	**13세기 중엽**
가나안 입성	13세기 중엽
기브온 전쟁	13세기 중엽
유다와 남방민족의 봉기	13세기 후반
쉐펠라 지역 정복	13세기 말
사사시대	**12-11세기**
드보라의 전쟁	12세기 초
메롬강 전투	12세기 초
기브아의 첩 이야기	12세기 전반
에훗의 전쟁	12세기
기드온의 전쟁	12세기
아비멜렉 왕조	12세기
입다의 전쟁	12세기 말
삼손 이야기	11세기 전반
에벤에셀 전투	11세기 중엽
언약궤의 이동	11세기 중엽
사무엘의 리더십	11세기 후반
나귀를 찾아나선 사울	11세기 후반
사울 왕국	1025-1006
다윗과 골리앗	1010
다윗과 에스바알 왕국	1006-1004
기브온 물가의 전투	1005
다윗의 예루살렘 정복	1004
다윗의 블레셋 전쟁	1000
다윗 왕조	**990-968**
트랜스요르단 전쟁	990
아람・소바 및 다메섹 정복	990
에돔 정복	990
압살롬의 반역	978
비그리 아들 세바의 반란	977
솔로몬 왕국	**968-928**
왕국 분열	**928**

유다 왕		**이스라엘 왕**		**전쟁**	
르호보암	928-911	여로보암	928-907	시삭 전쟁	924
아비야	911-908			아비야의 정복	911
아사	908-867	나답	907-906	세라 전쟁	900
		바아사	906-883	아사・바아사 전쟁	855
		엘라	883-882	벤하닷 1세 전쟁	
		시므리	882	모압왕 메사의 정복	
		오므리	882-871		
		아합	871-851	아람 전쟁	855-850
여호사밧	867-851			갈갈(Qarqar) 전쟁	853
요람	851-843	아하시야	851-850		
		요람	850-842		
아하시야	843-842				
아달랴	842-836	예후	842-814	살만에셀 3세 전쟁	841
요아스	836-799	여호아하스	814-800	하사엘 전쟁 815-810	
		요아스	800-785	아닷니라리(Adadnirari) 전쟁	806
				요아스와 여로보암	
				2세 정복	790-770
아마샤	799-786			아마샤와 요아스 전쟁	786
웃시야	786-758	여로보암 2세	785-749	웃시야의 정복 8세기 중엽	
요담	758-742	스가랴	749		
		살룸	748		
		므나헴	748-737		
아하스	742-726	브가히야	737-735		
		베가	735-731	르신과 베가의 전쟁(유다)	734
		이스라엘 망명	733		
		호세아	731-722		
히스기야	726-697	사마리아 멸망	722		
		앗수르 통치	722-628	산헤립 전쟁	701
므낫세	697-642				
아몬	642-640				
요시야	640-609	요시야 통치	628-609		
여호아하스	609-608	애굽 통치	609-604	바로 느고 전쟁	609
여호야김	608-597	바벨론 통치	604-539	느부갓네살 전쟁	605-604
여호야긴	597				
시드기야	597-587				
유다 멸망	597				
제1성전 파괴	587			느부갓네살 전쟁	587
바벨론 통치	587-538				
페르시아 통치	538 ff.	페르시아 통치	538 ff.		
고레스 칙령	538				
예루살렘 귀환	538-445				
스룹바벨의유다통치	522				
성전 건축	520-515				
에스라	457-445				
느헤미야	445-425				

06

족장

The Patriarchs

족장이란 유대 민족의 세 조상(아브라함, 이삭 및 야곱)을 일컫는다. 유대 전통에 따르면, 각 이름에는 '아비누(Avinu, 우리 아버지)'를 붙인다고 하며, 그들은 이스라엘 민족의 영적 조상으로 자리를 잡았다.

아브라함

(본명은 아브람) 데라의 아들이자 나홀과 하란의 형제며 첫 족장이다. 그는 우상을 섬기던 선조들의 믿음을 버리고 한분이신 하나님을 믿기로 결심한 후, 아버지 집과 고향인 갈데아 우르를 떠나 가나안에 이른다. 그러자 하나님은 그를 매개로 이스라엘 민족과 언약(할례 의식이 이를 상징)을 맺으셨다. 아브라함은 "열국의 아비가 되고 자손들은 가나안을 유산으로 받을 것"이라고 약속하신 것이다. 그와 사라(아내)는 헤브론의 막벨라 굴에 매장된다.

이삭

아브라함과 사라가 노년에 낳은 아들이며 두 번째 족장이다. 그는 하나님의 명령에 따라 아버지의 손으로 희생될 운명이었다('아케다'). 그는 브두엘의 딸 리브가와 결혼했으며 가나안에서 평생을 보낸 족장이기도 하다. 그와 리브가 역시 막벨라 굴에 장사된다.

야곱

이삭과 리브가의 아들이며 마지막 족장이다. 그는 쌍둥이 형 에서에게 '떡과 팥죽'으로 장자권을 샀고(창 25:34) 브두엘의 아들 라반의 두 딸(레아와 라헬)과 결혼했다. 또한 그의 열 두 아들은 이스라엘 지파의 시조가 되었다. 한때 기근이 들자 그는 아들과 함께 애굽에 내려갔고 고센에서 죽었으나 시신은 선조의 무덤이자 레아가 먼저 장사된 막벨라 굴에 매장되었다(둘째 아내 라헬은 에브랏 길에 장사되었다). 야곱은 '이스라엘'이라고도 불렸는데 이는 훗날 국가와 후손 및 지명의 명칭이 되었다.

07

족장의 아내

The Matriarchs

세 족장의 아내는 사라(아브라함의 아내)와 리브가(이삭의 아내) 및 레아와 라헬(야곱의 아내)을 가리키며 이들을 '여족장(Matriarchs)'이라고 한다. 유대 전통은 각 이름에 '이메누(Imenu, 우리 어머니)'를 붙였다. 사라와 리브가 및 레아는 남편과 함께 막벨라 굴에 매장되었으나 라헬은 에브랏 길에 장사되었다('라헬의 무덤').

사라

(본명은 사래) 아브라함의 아내이자 첫째 여족장이다. 그녀는 불임인 탓에 자신의 여종 하갈을 아브라함과 동침케 하여 대를 잇고자 했다. 그러나 하갈이 이스마엘을 낳고 주인 사라를 무시하자 사라는 여종 하갈과 아들 이스마엘을 쫓아내기로 결심한다. 90세에 이삭을 밴 사라는 '아들을 낳을 거라는 소식에 웃었다.' 하여 그의 이름을 '이삭'이라고 지었다('이삭, 이쯔학 Yitzhak'은 '웃는다'는 뜻의 '짜하크tz-h-k'에서 비롯되었다).

리브가

나홀(아브라함의 형제)의 아들 브두엘의 딸 리브가는 아브라함의 아들인 이삭의 아내이자 두 번째 여족장이다. 그녀는 결혼 생활 20년 만에 쌍둥이 에서와 야곱을 낳았다. 그런데 둘째 야곱을 편애한 탓에 남편 이삭을 교묘히 속여 남편으로 하여금 야곱에게 장자의 축복을 하게 한다.

족장과 지파의 계보

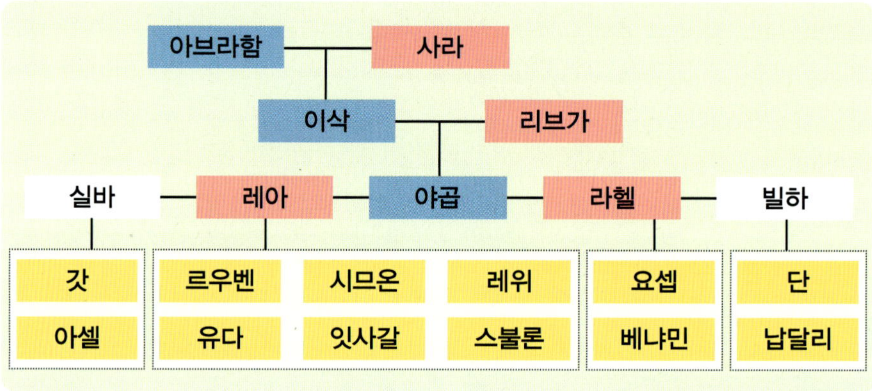

레아

브두엘의 아들 라반의 딸이자 셋째 여족장이다. 야곱은 라반에게 속아 라헬 대신 레아와 처음 혼인했고 아들 여섯과(르우벤과 시므온, 레위, 유다, 잇사갈 및 스불론) 딸 하나(디나)를 낳았다. 또한 그녀는 야곱에게 여종 실바를 주어 두 아들을 더 낳게 했다(갓과 아셀).

라헬

브두엘의 아들 라반의 딸이자 마지막 여족장이며 야곱이 사랑한 아내이다. 그녀는 요셉과 베냐민을 낳았고(베냐민을 낳는 중에 숨져 에브랏 길에 장사되었다) 야곱에게 여종 빌하를 주어 두 아들을 더 낳게 했다(단과 납달리).

08

출애굽에서 가나안 입성까지

The Exodus from Egypt and the Entry into Canaan

13세기 초 · 중반

모세의 인도로 이집트를 탈출한 이후 가나안에 입성하기까지 이스라엘의 진행경로는 분명치가 않다. 성경에 기록된 장소와 경유지가 대부분 확인되지 않았기 때문이다.

이집트 문헌에 따르면, 여정 초반에 언급된 믹돌과 바알스본은 나일 델타(Nile Delta, 삼각형이나 부채꼴을 일컫는 말—옮긴이)의 동북단에 위치한 요새로 알려졌으나, 이스라엘은 이집트의 요새와 중간 경유지가 흩어진 바닷길(the Way of the Sea, 한때는 '블레셋 길the Way of the Philistines'로도 불렸다)을 택하지 않았으므로 마른땅을 건너갔다는 홍해(the Red Sea)에서, 남쪽에 난 이 길로 우회했을 공산이 크다.

모세를 통해 이스라엘 백성이 열마디 말씀(10계명)을 받았다는 '시내산 현현(revelation at Mount Sinai)'은 출애굽 후 세번째 달에 있었다.

그러고 난 후 이스라엘은 시내 광야에 성막('미쉬칸') — 만남의 장막 혹은 회막 — 을 지었고 그 안에는 언약궤(시내산에서 받은 십계명 돌판이 들어있다)를 두었다. 이동식 성막은 광야 여정을 비롯하여 가나안에 정착한 이후 솔로몬 성전이(언약궤와 성물이 모두 옮겨진 곳) 완공되기까지 하나님의 역사가 일어난 곳이다.

그러나 광야 여정의 중간 경유지는 대부분 추측에 불과하며, 분명히 밝혀진 지명은 여정의 중심지인 가데스 바네아(가나안땅과 시내 접경지역으로 풍부한 오아시스를 이룬다) 뿐이다. 여기서 각 지파는 정탐꾼을 가나안에 파견했고 입성을 준비했다. 정탐꾼 일화는 주로 헤브론과 그 주변 지역에서 벌어진 사건이었으나 그들의 최종 목표는 가나안 최북단의 하맛 어귀, 르보하맛(Lebo-hamath)이었다.

네게브 남쪽과 유다 산지에서 감행한 1차 가나안 공격은 아말렉과 가나안 및 네게브 사람들의 강력한 저항으로(아랏 왕이 주도) 실패했다.

성경에 따르면, 이스라엘은 트랜스요르단을 지나는 두 가지 경로를 통해 가나안에 입성했다고 한다. 트랜스요르단 남방에 자리 잡은 민족들은 — 에돔과 모압 및 암몬 — 기원면에서 이스라엘과, 헤스본의 아모리 왕국(모압과 암몬 사이)과 가깝다. 헤스본의 시혼 왕은 모압을 상대로 전쟁을 치르며 아르논 강에 이르는 모압 평지까지 세력을 확대해나갔다. 이를 기화로 모세는 에돔과 모압 왕에게 이스라엘 백성들이 시혼에 이를 수 있도록 통행을 허락해달라고 설득했으나 끝내 거절당하고 만다. 결국 이스라엘은 하는 수 없이 엘랏(에시온게벨) 최남단까지 퇴거, 에돔과 모압을 우회하여 동쪽으로 행한 후 그데못 광야에서 시혼 왕국을 공격했다.

또 다른 경로는 에돔과 모압 중심을 지나 여리고 맞은 편에 있는 모압 평지에 이르렀다는 것이다.

모세의 생애와 업적은 모압 평지에서 막을 내린다. 성경은 느보산 꼭대기에서 그토록 염원했지만 밟을 수 없는 땅을 바라보는 노장 모세를 극적으로 그려냈다.

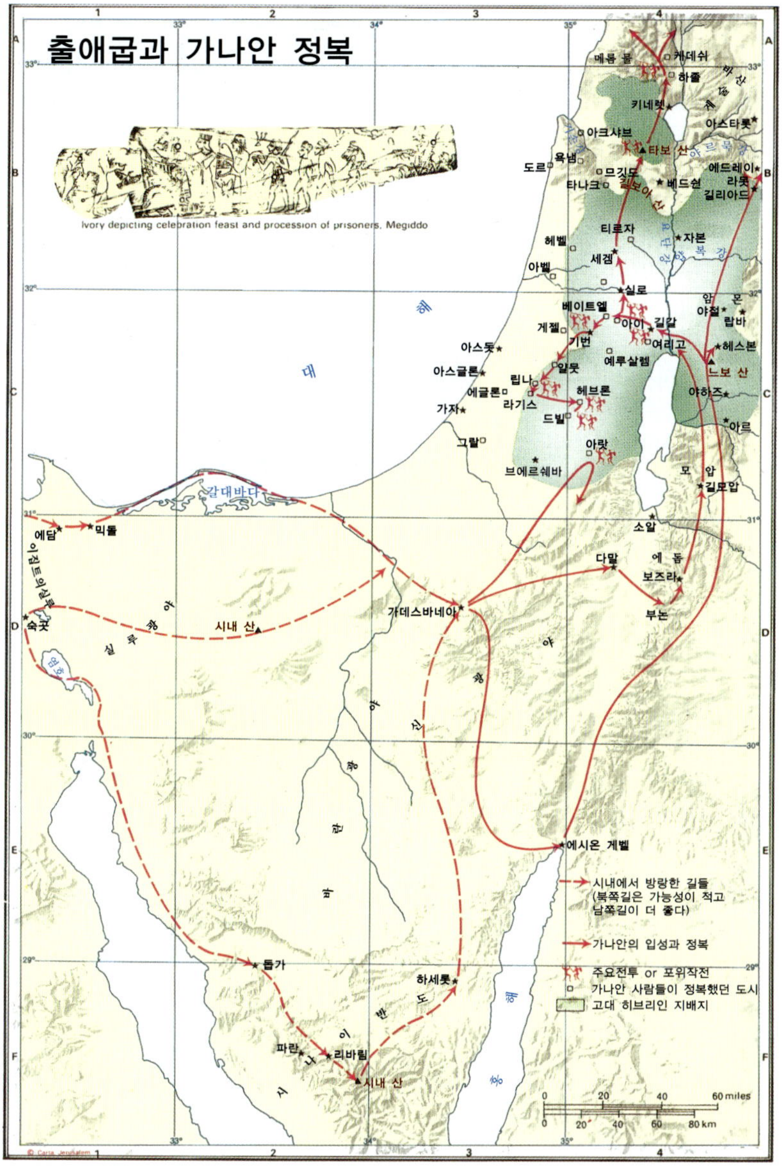

모세

레위 지파이며 아므람과 요게벳의 아들이자 출애굽 당시 이스라엘 백성의 지도자다. 그는 시내산에서 열마디 말씀 (십계명, 혹은 모세의 법the Law of Moses)을 받았고 선지자의 효시로 추앙받았으며 『출애굽기』와 『레위기』, 『민수기』 및 『신명기』의 주역을 맡기도 했다. 성경에 따르면, 모세는 하나님과 가장 가까웠으며 군 사령관으로도 활약했다고 한다. 예를 들어, 아말렉과 시혼 및 바산 왕 옥(Og)을 꺾고 이스라엘에 트랜스요르단을 주었으니 말이다. 그러나 마라에서 이스라엘 백성들의 연고로 하나님의 명령에 불순종한 대가로(바위에 말하지 않고 이를 쪼갰기 때문이다) 약속의 땅(the Promised Land)에는 들어가지 못했다. 그의 매장지는 알려지지 않았다.

(원문에는 마라라고 나왔지만 아무리 성경을 찾아봐도 '마라'는 아닌 듯싶습니다—역자)

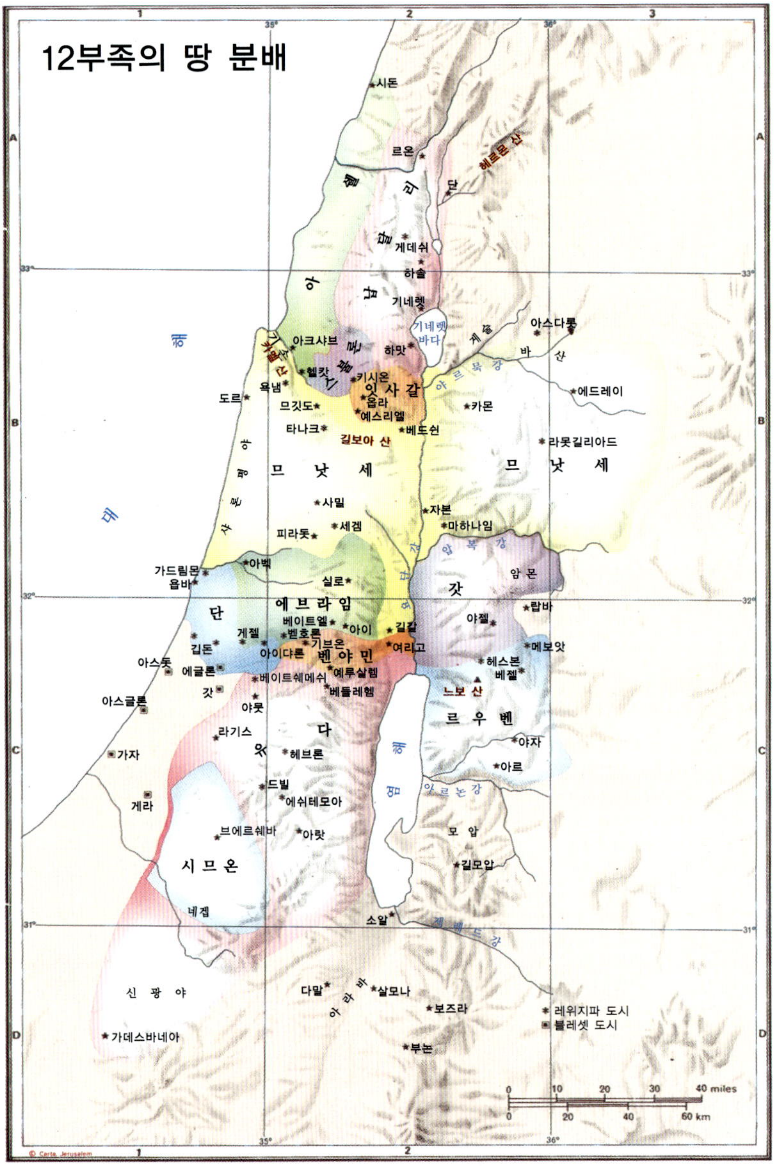

아론

아므람과 요게벳의 아들이며 대제사장이다. 모세의 형인 그는 광야 여정에서 모세를 도와 이스라엘을 이끌었으나 군중의 요구에 못 이겨 하나님을 금송아지 형상으로 만들기도 했다. 그는 초대 대제사장이자 제사장의 시조인 까닭에 대제사장 아론의 후손인 '제사장'을 가리켜 '아론의 아들(the sons of Aaron)' 혹은 '아론의 집(the house of Aaron)'이라고 부른다. 그는 호르산에서 숨을 거두었으며 모세와 같은 이유로 가나안에는 들어가지 못했다.

여호수아

눈의 아들이며 에브라임 지파인 여호수아는 젊은 시절 모세를 보좌했고 아말렉과의 전투에서는 군사를 지휘했으며 가나안 정탐꾼으로 활약하기도 했다. 『여호수아』에 기록된 바와 같이, 그는 모세가 사망한 후 가나안 정복 당시 이스라엘의 지도자가 되었으며 여리고와 아이성을 정복하는가 하면 남방 왕을 비롯하여 연합한 북방 왕들을 물리쳤다. 또한 가나안 정복이후에는 지파별로 이스라엘 땅을 나누고 실로를 영적인 중심지로 삼았다. 여호수아는 자신의 기업인 딤낫 세라에 매장되었다.

09

정복과 정착

The Conquest and Settlement

13세기 후반–12세기

가나안 정복기는 『여호수아』와 『사사기』에 기록되었다. 그러나 각 책이 말하는 사건이 다 동일한 것은 아니다(지파의 공로가 이스라엘 전체의 공로로 뭉뚱그려지는가 하면, 여호수아의 공로가 사사 중 하나의 것으로 둔갑하기도 했다). 기사를 대부분 조각조각 썼고 아예 누락시킨 부분이 있을 뿐 아니라, 사건의 순서에도 좀 모호한 구석이 있는 탓에 예측이 없이는 사건을 구체적으로 들여다볼 수가 없다.

가나안 정복은 길갈의 요단강을 건너는 데서 출발한다. 그러나 모든 지파가 강을 건넌 것은 아니라는 데 주목해야 할 것이다. 예를 들어, 갓 지파와 르우벤 지파 및 므낫세 반지파는 트랜스요르단에서 계속 북진하여 아모리 땅을 점령했다. 주요 지파들은 요단강을 건너 서편으로 진출했고 여리고와 아이성을 점령, 가나안 산지(hill country) 심장부까지 접근했다.

성경에 언급된 가나안 민족들은 대부분 셈족으로, 가나안 족속을 비롯하여 헷과 히위, 브리스, 기르가스, 아모리 및 여부스 족속 등 혈통도 다양했다. 그들은 독립된 도시국가에 살면서 공동의 적을 물리쳐야 할 땐 서로 화친하기도 했다. 12세기 초, 가나안은 이방민족인 블레셋의 침략으로 일대 해안지대가 —

메롬강 전투

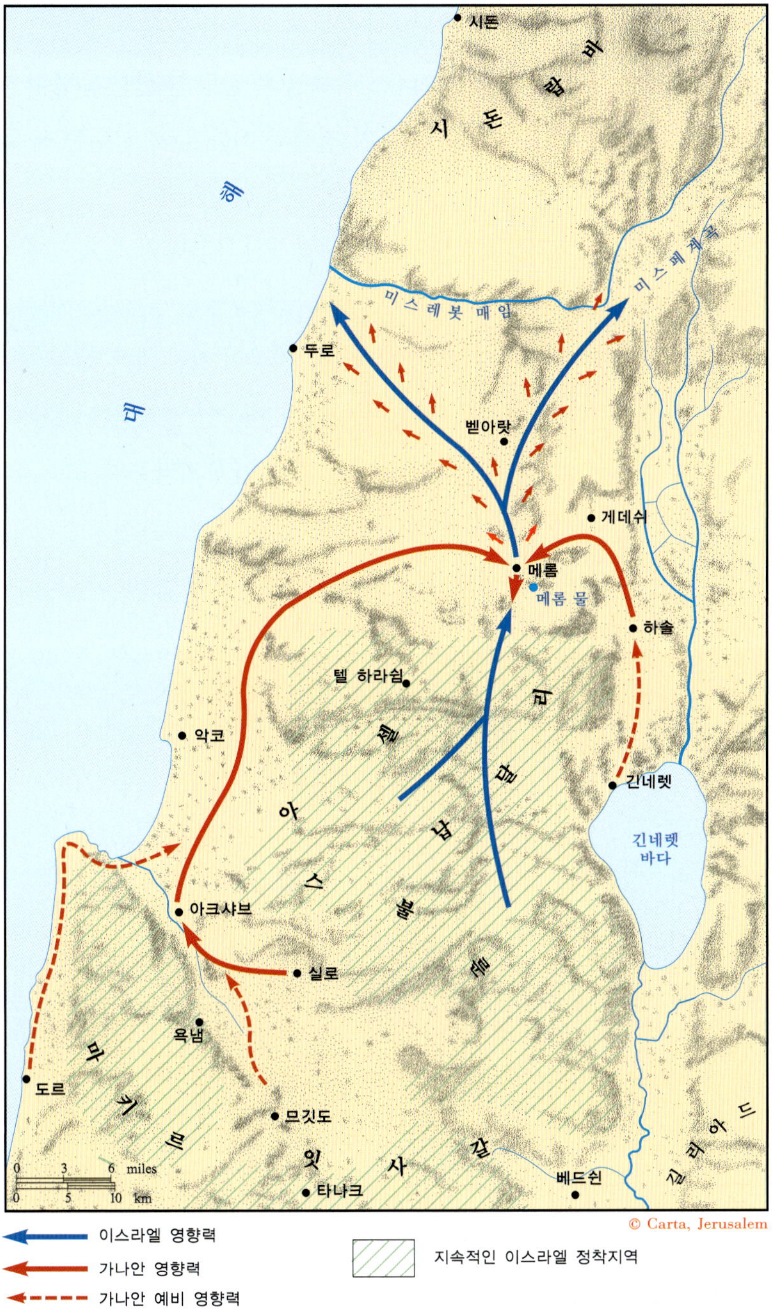

족속의 이름을 따서 블레셋이라 지었다 — 점령되었다. 해상민족 중 하나인 듯 보이는 블레셋은 13-12세기에 헷 족속을 무너뜨리고 소아시아와 에게 해안 지대 및 북아프리카에 정착했으나, 주전 1170년 이집트의 람세스 3세에 의해 패망했다. 그들의 유물은 가나안 도처에 산재돼있다.

성경은 눈의 아들 여호수아의 지도하에 여리고 함락에서부터 메롬 강가의 하솔 왕 야빈을 무찌르기까지 단 번의 전쟁으로 가나안이 정복된 듯 그렸다.

그러나 『여호수아』에 따르면, 가나안은 단계적으로 정복된 것으로 나타났다. 이를테면, 침투기(the stage of penetration)에는 여리고와 아이성이 함락된 후 기브온 족속과 조약이 체결되었고 그 다음 단계에서 기브온 전쟁이 일어났다. 여호수아를 주축으로 이스라엘 민족이 연합국(기브온)을 돕기 위해 뭉치자 예루살렘 왕은 기브온이 이스라엘과 화친했다는 이유로 동맹국을 모아 그들을 치기로 한 것이다. 그리고 난 후, 가나안 군대가 대패하자 남방의 유다와 시므온 족속이 일어났다. 유다 산지에 정착한 유다 족속과, 셰펠라(Shephelah, 분지)와 네게브의 시므온 족속들은 북부 출신인 듯 보였으나, 유다 족속에 통합된 갈렙 · 그나스 족속들은 남방 출신인 듯하며 헤브론과 드빌을 장악, 아랏에 정착했다. 드보라 전쟁과 메롬 강가 전투는 — 둘 다 하솔 왕 야빈을 상대했다 — 북방 민족의 단합을 불러일으켰다.

주전 12세기, 지파의 정착기가 종언을 고할 무렵, 가나안 땅의 주요 경쟁국들은 각 지역에서(북부 계곡과 평원은 가나안 족속, 남부 해안지대와 트랜스요르단은 각각 블레셋과 이스라엘 민족) 기반을 확립했다. 미(未)점령지역은 지파의 기업 내에 '해외 영토(foreign enclaves)'로 남겨두었다. 『여호수아』는 이같이 가나안 정착 당시 정복되지 않은, 가나안 접경 안쪽지역을(이를테면, 남쪽으로는 블레셋과 북쪽으로는 베니게(Phoenicia)와 레바논 및 레바논 계곡까지) 가리켜 '남은 땅(the land that yet remains)'이라고 기록했다.

드보라 전쟁-군대 배치

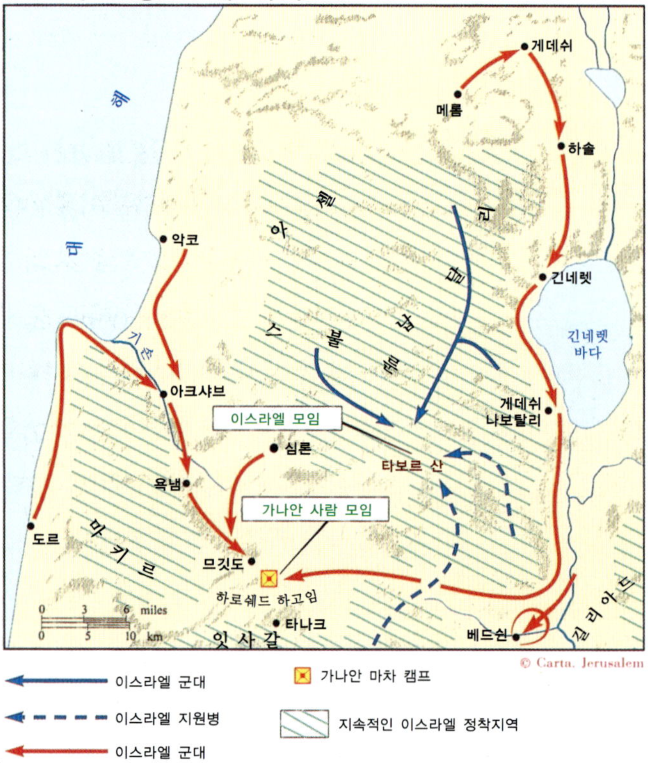

10

이스라엘 지파

The Tribes of Israel

이스라엘의 12지파는 야곱과 레아, 라헬, 빌하 및 실바 사이에서 태어난 자손을 가리키며 르우벤과 시므온, 레위, 유다, 잇사갈, 스불론, 단, 납달리, 갓, 아셀, 요셉 및 베냐민 족속을 꼽는다. 그런데 요셉 지파가 에브라임과 므낫세 지파로 나뉘면서 13지파가 됐다. 그럼에도 가나안에서는 12지파만이 기업을 받았다(다른 지파가 봉헌한 십일조와 헌물로 생계를 유지하던 레위 지파는 기업을 받지 않았고 그의 성읍은 다른 기업들에 산재돼있었다).

정착 이후 실로에 정신적인 중심지를 두긴 했지만 지파간의 유대감은 다소 약화됐다. 그들은 때때로 공동의 적을 물리치기 위해 세력을 규합하지 않고 대부분 독립적으로 전쟁을 치렀다. 또한 입다의 경우나 그 후에 벌어진 '기브아의 첩(concubine in Gibeah)(삿 19-21)' 사건에서는 동족끼리 싸우기도 했다. 그러다가 왕국이 성립하고 앗수르가 북방의 10지파를 추방하자(주전 18세기) 지파간의 차이는 점점 더 희미해졌다. 결국 잔여 인원들은 유다안팎에 모여(시므온 지파는 이미 유다 지파와 통합) 다른 민족과 동화되지 않은 '이스라엘 족속(유대인)'을 탄생시켰고 '성별된' 레위 지파만이 유대인의 계통을 이어갔다.

11 사사시대

The Period of the Judges

사사시대란 여호수아가 죽은 이후부터 왕정수립까지의 기간을 일컫는다. 지파가 통합됨에 따라 족속 간의 유대감은 점차 퇴색되었고, 에브라임의 실로에 있는 성지는 민족의 통일을 상징하는 언약궤를 담고 있었으나 강력한 유대감을 불러일으키기에는 한계가 있었다. 게다가 주변 열강이나 노략자들과 자주

에후의 전쟁

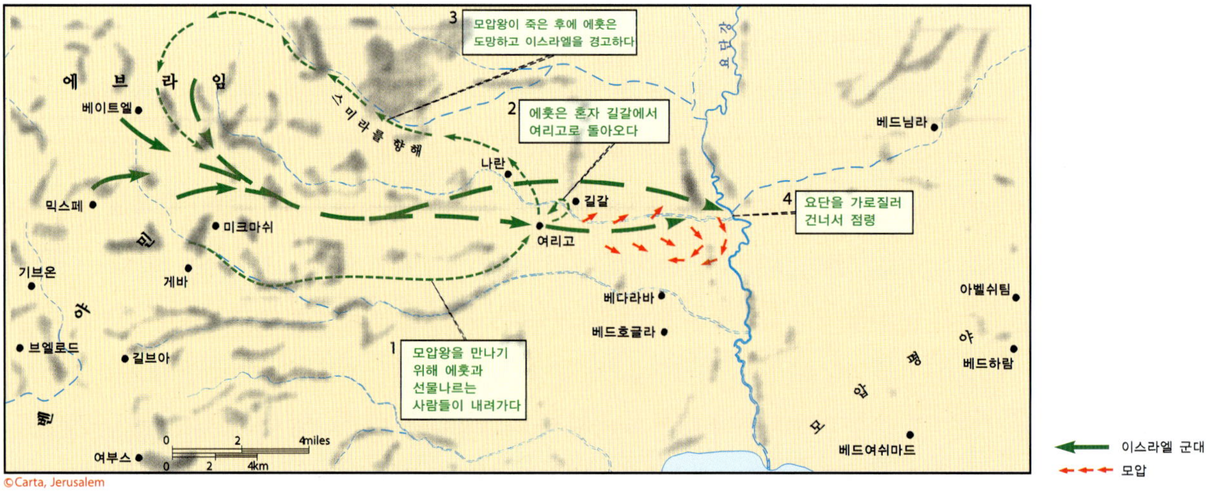

기드온의 전쟁

© Carta, Jerusalem

전쟁을 치러야 했으므로 현지 지도자들('사사 Judges')의 통치 체제는 발달해야 마땅했다.

사사는 몇몇 주변 지파의 지도자였다. 대개는 큰 위기에 빠졌을 때 지도력을 발휘했으나 적을 물리치고 위협을 극복한 후 평화를 누리던 시기에도 지도자로 추앙받곤 했다. 물론 전쟁 영웅이 아닌 사사도 몇몇 있었다. 『사사기』에 등장하는 사사로는 그나스의 아들 옷니엘과 게라의 아들 에훗, 아낫의 아들 삼갈, 여선지자 드보라, 요아스의 아들 기드온, 아비멜렉, 부아의 아들 돌라, 길르앗 사람 야일, 길르앗 사람 입다, 입산, 스불론 사람 엘론, 힐렐의 아들 압돈, 삼손과 엘리 제사장 및 사무엘 선지자가 있다.

구원자로 알려진 '대(great)'사사로는 옷니엘과 에훗, 삼갈, 드보라, 기드온, 길르앗 사람 입다, 삼손 및 사무엘 선지자를 꼽는다. 옷니엘과 에훗, 기드온 및 입다는 트랜스요르단에서 이스라엘을 침략하려 했던 주변 민족과 사막의 약탈자들에 대항했다. 옷니엘은 메소포타미아에서 침입한, 아람 나하라임의 왕을 격파했고 기드온은 미디안 사람들을 물리쳤으며 에훗과 입다는 각각 모압과 암몬 사람들의 영토 확장을 저지했다.

삼갈과 삼손 및 사무엘은, 군사력을 앞세워 이스라엘을 정복하려 했던 블레셋과(이스라엘의 남부 해안에 자리를 잡았다)의 전투에 참여했던 지도자이다.

한편, 이스라엘과 블레셋은 주전 11세기 중엽, 아벡과 에벤에셀 진영 사이에서 대규모 전쟁을 치렀다(에벤에셀 전쟁). 그러나 이스라엘 연합국이 패배하자, 실로에서 전장으로 이송된 언약궤는 블레셋의 손아귀에 넘어갔고 실로는 파괴되

에벤에젤의 전투

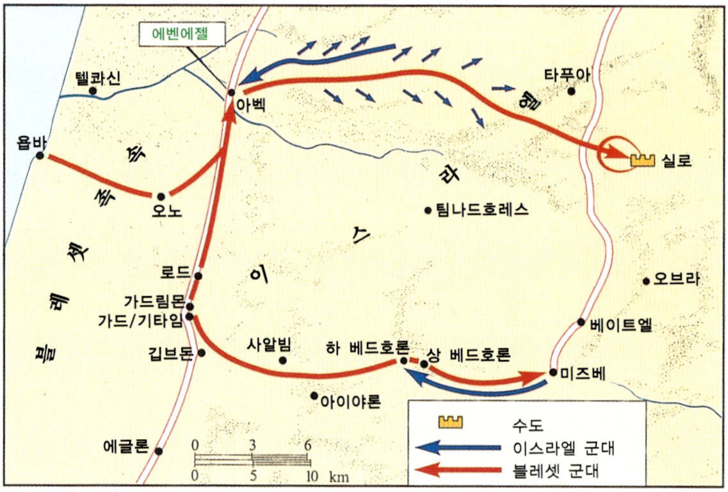

© Carta, Jerusalem

언약궤가 다닌길

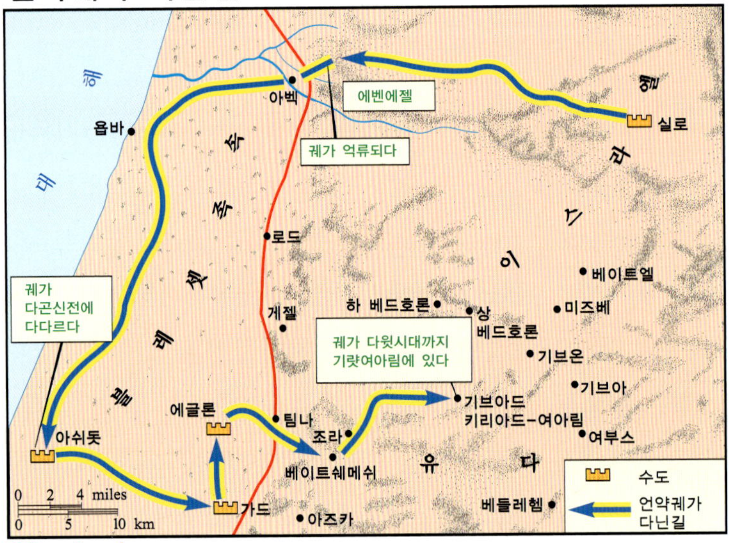

© Carta, Jerusalem

고 말았다. 기이한 일이 몇 차례 벌어진 후 언약궤는 기랏 여아림에 송환되었다가 다윗이 이를 예루살렘으로 가져왔다.

사사기는 3년간의 아비멜렉 왕국도 비중 있게 다루고 있다. 그는 세겜의 도움을 받아 — 당시 세겜은 아비멜렉의 어머니 혈통에 따라 그를 동족으로 여겼다 — 부친 기드온(여룹바알)의 뒤를 이어 한 왕국을 다스렸으나 세겜인들은 3년 만에 그를 거부한다. 결국 아비멜렉은 세겜을 공격했고 데베스에서 포위되어 죽음을 당하게 된다.

『사사기』는 '기브아의 첩' 일화로 끝을 맺는다. 이는 베냐민 지파와 다른 이스라엘 지파간의 '집안싸움'을 기록한 것으로, 베냐민 지파는 치열한 전투 끝에 거의 전멸지경에 이르렀다. 그러나 광야의 림몬 바위로 도망했던 베냐민 지파는 아내를 얻을 방도를 찾은 후에야 본토로 돌아왔다.

마지막 사사인 사무엘은(성경의 동명 책에 기록되었다) 전 이스라엘의 지도자로 알려진 유일한 사사이자 통일왕국 수립까지의 과도기를 대변하는 인물이기도 했다. 또한 그는 사울을 왕으로 세운 후 그의 뒤를 이어 다윗에게도 기름을 부어 왕으로 세웠다.

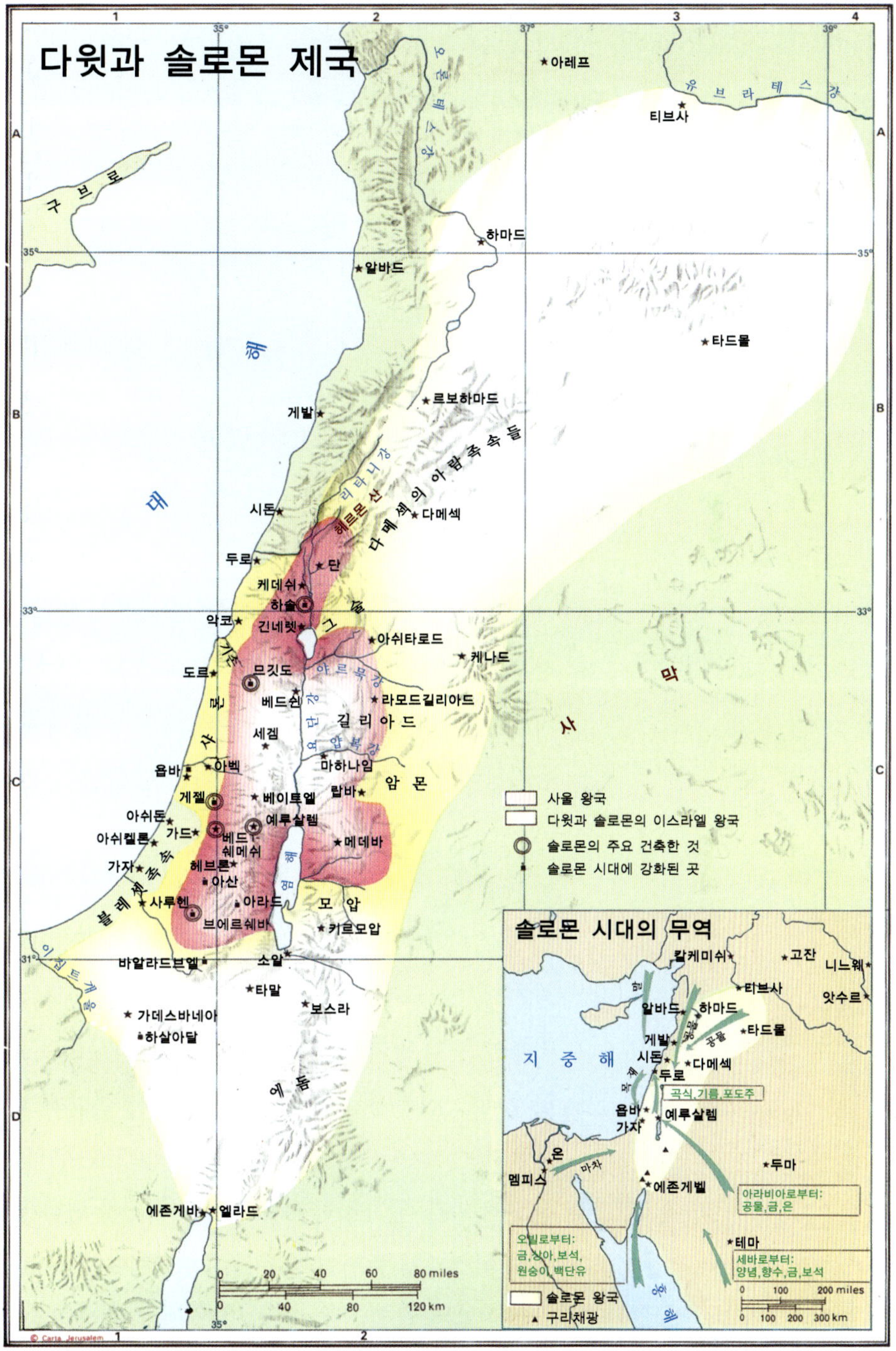
다윗과 솔로몬 제국
아레프
유브라테스 강
티브사
오론테스 강
구브로
하마드
알바드
타드몰
대 해
르보하마드
게발
리타니 강
헤르몬 산
다메섹의 아람족속들
시돈
다메섹
두로
단
케데쉬
하솔
악코
긴네렛
그술
아쉬타로드
케나드
도르
므깃도
야르묵 강
베드쉰
라모드길리아드
길리아드
사론 평야
요단 강
세겜
얍복 강
사 막
욥바
아벡
마하나임
게젤
베이트엘
랍바
암 몬
아쉬돋
예루살렘
가드
아쉬켈론
벧 쉐메쉬
메데바
가자
헤브론
블레셋 족속
아산
사해
아라드
모 압
사루헨
브에르쉐바
카르모압
이집트 개울
바알라드브엘
소알
타말
보스라
가데스바네아
하살아달
에 돔
에존게바
엘라드
사울 왕국
다윗과 솔로몬의 이스라엘 왕국
솔로몬의 주요 건축한 것
솔로몬 시대에 강화된 곳
솔로몬 시대의 무역
칼케미쉬
고잔
니느웨
티브사
앗수르
알바드
하마드
타드몰
지 중 해
게발
시돈
다메섹
두로
곡식, 기름, 포도주
욥바
가자
예루살렘
온
멤피스
마차
에존게벨
두마
아라비아로부터: 공물,금,은
오빌로부터: 금,상아,보석, 원숭이, 백단유
테마
세바로부터: 양념,향수,금,보석
솔로몬 왕국
구리채광
홍해
0 20 40 60 80 miles
0 40 80 120 km
0 100 200 miles
0 100 200 300 km
© Carta, Jerusalem

12

통일왕국

The United Monarchy

11세기 말–10세기 말

통일왕국이란 사울과 다윗 및 솔로몬의 왕정시대를 일컫는 용어이다. 이를 전후로 사사시대와 분열왕국시대와는 달리, 이 세왕은 이스라엘 12지파를 통치했다. 왕을 세우자는 백성들의 요구가 블레셋의 위협과 맞물리면서 태동한 통일왕국은 약 100년간 지속되다가 솔로몬의 죽음 이후 분열되었다.

사울

사울은 베냐민 지파이자 기스의 아들이며 이스라엘의 초대 왕이다. 성경은 통치시기를 크게 셋으로 나눠 기록했다. 즉, 사울은 사무엘 선지자가 비밀리에 기름을 부어 왕이 된 후 미스바에서 (제비를 뽑아) 베냐민 지파를 다스렸고, 길르앗 야베스 전투에서 승리를 거둔 후에는 길갈에서 즉위하여 이스라엘 전역을 통치했다는 것이다. 통치 기간은 주전 1025년부터 1006년까지로 추정되며 사울은 통치기간 내내 블레셋과 전쟁을 치러야 했다(길보아 전투에서 패배하기까지). 그는 또한 이스라엘 동편의 난폭한 주변 민족(암몬과 모압 및 에돔)들을 비롯하여, 북과 남쪽으로는 각각 소바와 아말렉 족속을 상대로 대승을 거둔 적도 있다. 사울

다윗과 에스바알의 왕국들

의 승전고는 백성의 사기를 진작시켰고 이후 절대왕정의 초석이 되었다.

뿐만 아니라 사울은 최초로 이스라엘 정규군(총 3천명)을 조직했으며 아들 요나단과 함께(혹은 직접) 그들을 통솔했다. 그러나 지파를 통일국가로 만들 수는 없었다. 아말렉과의 전쟁 당시 사울왕은 하나님의 명령과는 달리 아말렉 왕을 살려두어 사무엘과 갈등을 겪었으며, 『사무엘서』에 기록된 바와 같이, 질투와 권력욕으로 다윗과의 관계도 복잡해진다. 또한 그는 감정에 휘둘려 비운의 왕으로 그려지기도 했다. 길보아산 전투에서 대패했을 때 그는 자신의 칼 위에 엎드러져 죽었다.

사울이 죽은 후 왕국은 둘로 분열되어 넬의 아들인 아브넬은 요단 바깥 마하나임에서, 사울의 아들인 에스바알(이스보셋)을 왕으로 추대했고, 유다 장로들은 헤브론에서, 다윗을 왕으로 추대했다. 에스바알과 다윗 왕조는 약 2년간(주전 1006-1004년) 공존했으나 결국에는 다윗이 에스바알을 눌러 이스라엘과 유다를 통합했다.

다윗

다윗은 이새의 아들이며 다윗 왕조의 시조다. 그는 사울이 집권했을 때부터 이미 두각을 나타냈다. 이를테면, 골리앗 장군과 겨루었고 총사령관에 내정되었으며 사울의 분노와 질투를 불러일으키는가 하면, 직접 군대를 조직했을 뿐 아니라 동맹을 파기하기도 했다. 집권 당시(주전 1004-968년)에는 블레셋과의 전쟁을 종식시킨 후, 여부스 족속을 몰아내고 예루살렘을 정복하여 이를 이스라엘의 수도로 지정했으며(1004년) 국경을 확대하는가 하면, 국가의 행정부를 조직했으며 대규모 병력을 조직하기도 했다. 이밖에도 다윗은 '이스라엘에서 아름다운 시를 읊는(sweet psalmist of Israel)' 영적인 사람으로 사울과 요나단 및 아브넬(넬의 아버지)을 위한 애가 외에도 많은 시를 남겼다. 아울러 그는 원수의 손에서 백성을 건지는 '용사'뿐만 아니라, 이스라엘 왕국과 예루살렘을 세우고 국가에 안전과 번영을 가져다준 존경받는 왕으로 사람들의 뇌리에 각인되었다.

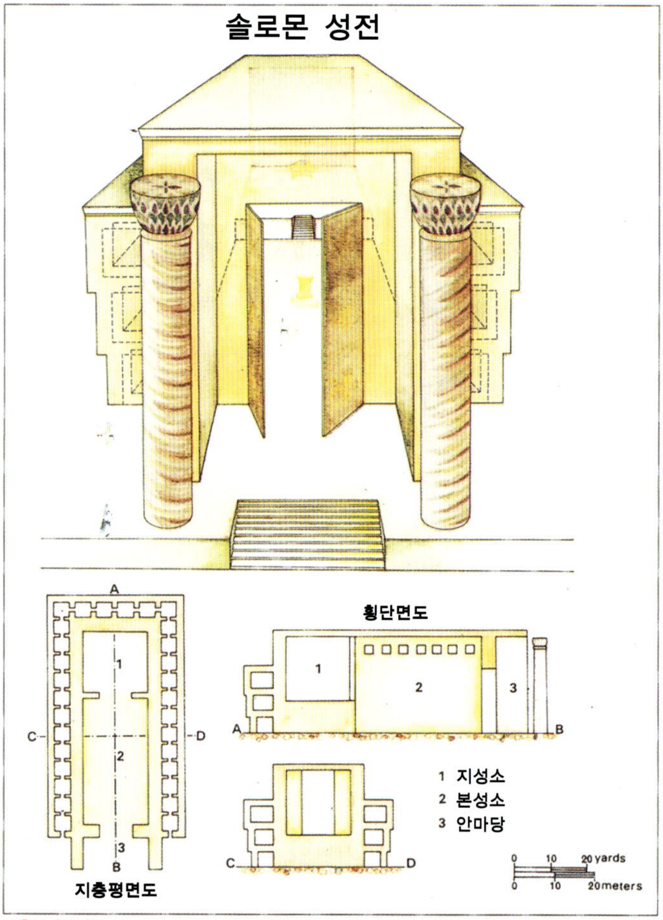

© Carta, Jerusalem

솔로몬

솔로몬은 다윗왕을 이은 이스라엘 왕이다(주전 968-928년). 다윗과 그의 통치기간은 이스라엘 통일왕국의 황금기(Golden Age)로 알려졌다. 그는 왕국을 각 지방으로 분할하고 각각 성읍과 요새를 지었으며 수많은 기업을 세우고 외국과 영리적인 관계를 맺는가 하면, 예루살렘에 성전을 건축하기도 했다. 이를 위해 그는 과중한 세금을 부과하여 백성들의 원성을 샀으며 훗날 왕국 분열의 원인을 제공했다. 전통에 따르면, 솔로몬은 『잠언』과 『아가』, 『전도서』 및 『시편(72)』을 썼다고 한다. 성경과 유대 전통(기독교와 이슬람도)은 그의 인상과 부귀 및 지혜를 극찬하며 그에게 '가장 지혜롭다(the wisest of all men)'는 수식어를 붙였다.

13

이스라엘 왕국

The Kingdom of Israel

북이스라엘 왕국은 통일왕국이 분열된 후 형성되었고 유다왕국을 제외한 지파의 영토를 지배했으며 928년부터 사마리아가 함락되기까지(약 722년) 존재했다. 당시 북이스라엘은 여러 왕조가 통치했다. 예를 들어, 나밧의 아들이자 왕국을 건설한 여로보암은 솔로몬에 대항했고 그의 아들 르호보암이 집권했을 때 세겜에서 즉위했다. 그는 왕국 남부의 벧엘과 북부의 단에 산당을 지어 백성들에게 우상숭배를 강요하기도 했다. 이스라엘 왕국은 북으로는 아람과, 남으로는 유다 왕국과 계속 마찰을 빚었다. 한편, 오므리는 사마리아를 수도로 정하고 두로와 언약을 맺었으며 바알신 숭배사상을(아들 아합 왕 때 점차 확대되었다) 도입하기도 했다. 그리하여 선지자들(엘리야, 엘리사 및 이믈라의 아들 미가야)은 오므리와 아합 왕을 강력히 반대했다. 아합은 갈갈 전쟁(주전 853년)에서 아람과 앗수르를 물리쳤으며 집권 내내 번영을 누렸다. 예후는 오므리 왕조를 무너뜨리고 바알에 찌든 땅을 정화시켰으나 두로의 지원이 끊긴 탓에 앗수르(아람 족속과의 전쟁 때 도운 대가로)에 조공을 바쳐야 했다. 얼마 후 여로보암 2세가 집권하자 이스라엘 왕국은 아람 족속을 몰아내고 바산과 골란, 아람 및 르보하맛(Lebo-hamath)까지 진출하며 점차 강성해졌다. 이스라엘의 후대 왕들은 이집트까지 세력을 넓히려는 앗수르를 저지하진 못했다. 이스라엘이 두 차례의 패배 이후 앗수르에 정복되자 일부 백성들은 동편으로 흩어졌고 그들의 빈자리는 앗수르 제국 주민들이 차지했다. 이스라엘 왕조의 역사는 주로 『열왕기상・하』와 『역대상』에 기록됐다.

14

이스라엘 왕

The Kings of Israel

928~907	여로보암(나밧Nabat의 아들)
907~906	나답(여로보암의 아들)
906~883	바아사
883~882	엘라(바아사의 아들)
882	시므리
882~871	오므리
871~851	아합(오므리의 아들)
851~850	아하시야(아합의 아들)
850~842	여호람/요람(아합의 아들)
842~814	예후
814~800	여호아하스(예후의 아들)
800~785	요아스(여호아하스의 아들)
785~749	여로보암 2세(요아스의 아들)
749	스가랴(여로보암의 아들)
748	살룸
748~737	므나헴
737~735	브가히야(므나헴의 아들)
735~731	베가
731~722	호세아

이스라엘 왕은 모두 열아홉으로, 여로보암과 바아사 왕조가 각각 둘씩, 오므리와 예후 왕조는 넷과 다섯이며 므나헴 왕조는 둘이며 그 밖의 왕은 넷이다.

여로보암

나밧의 아들이자 솔로몬 왕국의 분열 이후 이스라엘 1대 왕으로 즉위했다(주전 928-907년). 그는 애당초 솔로몬을 섬겼으나 끝내는 반란을 일으키고 말았다. 솔로몬이 그를 죽이려하자 이집트 왕 시삭에게 몸을 피했고, 솔로몬이 죽은 이후에는 실로사람 아히야의 예언대로 즉위하여 10지파를 다스리게 된다. 또한 여로보암은 세겜과 요단 밖 브두엘, 및 디르사에 도읍을 정했으며 벧엘과 단에 산당을 지어 두 금송아지를 섬기기도 했다(이스라엘이 멸망하기까지 우상숭배가 계속된 원인이었다). 당시 이스라엘은 이집트 시삭 왕의 침략을 비롯하여 유다 왕 르호보암과 아비야의 대적으로 몸살을 앓았다.

나답

여로보암의 아들로 약 2년간(907-906) 집권했다. 블레셋의 깁브돈을 포위했을 때 아히야의 아들인 바아사가 모반하여 그를 죽이고 권좌를 차지했다.

바아사

잇사갈의 후손이자 아히야의 아들이며 이스라엘의 셋째 왕이다(906-883년). 그는 여로보암의 아들 나답을 배반하여 그의 일가를 죽이고 왕위를 찬탈했다. 집권 당시에는 유다왕 아사와 전쟁을 벌였으며 이를 위해 아람・다메섹의 벤하닷 1세와 연합했으나 아사가 그를 매수하면서 바아사와의 화친은 깨졌다.

엘라

바아사의 아들이며 통치기간은 약 1년 남짓 된다(883-882). 그는 바아사 일가를 학살하고 왕좌를 빼앗으려 했던 심복 시므리에 의해 죽임을 당했다.

시므리

이스라엘의 5대 왕(882)이다. 엘라의 심복이었으나 왕권을 빼앗기 위해 왕과 그 일가를 무참히 살해했다. 엘라의 반역을 들은 군대가 오므리 장군을 왕으로 추대하자 그는 디르사에서 시므리와 맞붙게 된다. 결국 왕을 자처한 시므리는 선왕의 왕궁까지 퇴각하여 끝내는 집권 7일 만에 잿더미가 되었다.

오므리

이스라엘의 6대 왕(882-871)으로 오므리 왕조의 시조이다. 그는 엘라 왕이 숨질 당시 군대 장관이었다. 시해 이후, 군대가 왕으로 추대한 오므리와, '그들 절반(half the people)'이 지지하는 디브니 사이에서 왕권을 두고 폭동이 일어났으나 결국에는 승리한 오므리가 왕이 되었다. 집권 당시 그는 사마리아를 도읍으로 삼았고 두로 및 유다 왕과 화친하여 이스라엘의 정국을 안정시켰다.

아합

이스라엘의 7대 왕(871-851)이자 오므리의 아들이다. 두로와의 조약으로, 두로 · 시돈 왕 엣바알의 딸 이세벨과 혼인했다. 또한 유다와의 조약에 따라 딸 아달리야를 유다 여호사밧의 아들 여호람에게 주었다. 그는 아람에게 빼앗겼던 이스라엘 영토를 되찾았으며 길갈 전쟁 당시 앗수르 왕 살만에셀 3세에 대항하는 연합군을 지휘하기도 했다. 그러나 길르앗 라못 전투에서 패배하고 말았다. 이스라엘 백성은 국가의 번영을 실감했으나 선지자들은(특히 엘리야) '나봇 사건(incident of Naboth)'과 바알신 숭배로 인해 분노를 참지 못했다.

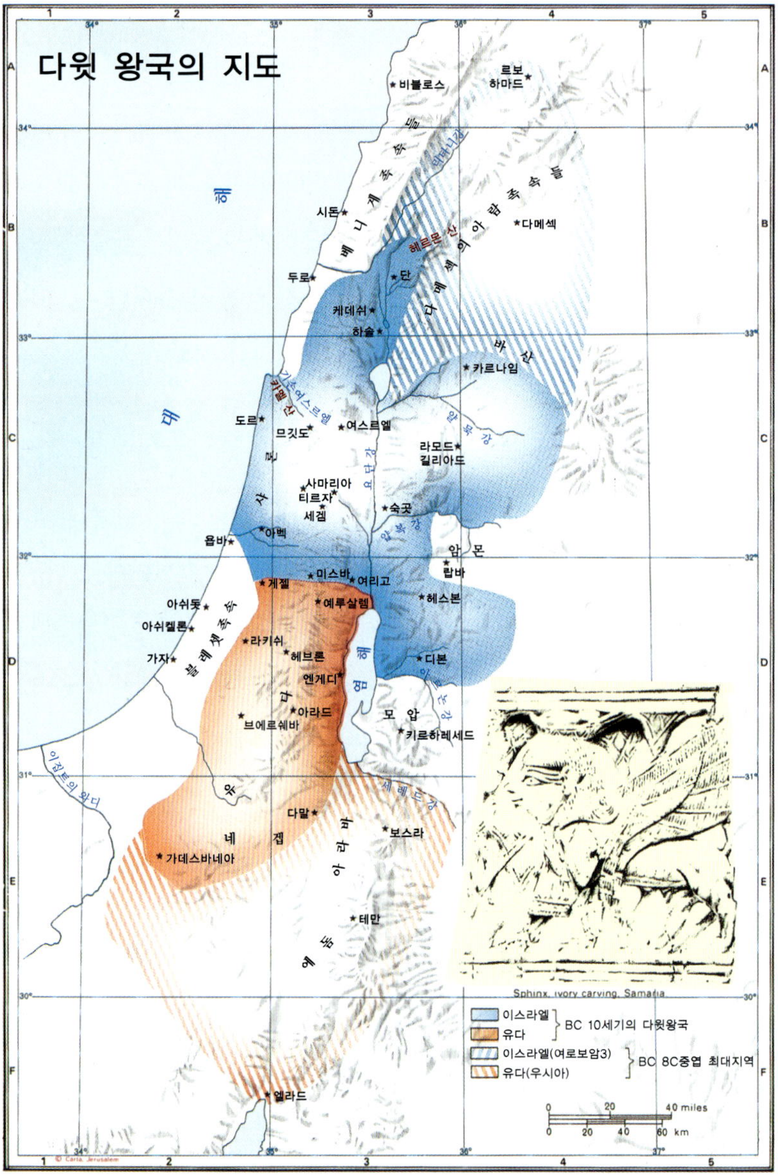

아하시야

아합의 아들이며 대를 이어 이스라엘의 왕이 되었다(851-850). 아람과의 전쟁에서 패하고 모압 왕 메사의 공격을 받은 데다 유다와의 조약까지 무색해진 탓에 당시 이스라엘의 정국은 매우 불안했다. 아하시야 왕은 사고로 세상을 떠났는데 아들이 없어 형제가 왕위를 이었다.

요람

아합의 아들이며 형 아하시야에 이어 즉위했다(850-842). 그는 유다 왕 여호사밧과 에돔 군사의 도움으로 모압 왕 메사의 군대를 격퇴했다. 아람 왕 하닷 2세는 이스라엘을 침략하여 사마리아를 포위했으나 이집트 군이 이스라엘을 돕는다는 풍문에 급히 철수했다. 한편, 하사엘과의 전투에서 부상을 입은 요람은 치료차 이스르엘에 복귀했으나, 일찍이 엘리사 선지자의 명령으로 비밀리에 기름 부음을 받은 군대 장관 예후가 모반을 일으켜 죽임을 당한다.

예후

여호사밧의 아들이며 예후 왕조의 시조이자 이스라엘의 10대 왕이다(842-814). 그는 요람의 군대 장관이었으나 엘리사 선지자가 보낸 제자가 그에게 기름을 부은 후에는 모반을 일으켜 요람을 죽이고 아합 일가를 몰살했다. 그리고 바알 숭배 사상도 없앴으나 여로보암부터 내려온 금송아지 의식은 버리지 않았다. 예후는 군대와 일반 백성 및 선지자들로부터 호응을 얻었으나 호세아 선지자에게는 책망을 받았으며, 앗수르의 살만에셀 3세에게 조공을 헌납한 덕에 아람의 하사엘 왕과는 충돌을 피할 수 있었다.

여호아하스

예후의 아들이자 이스라엘 11대 왕이다(814-800년). 당시 이스라엘은 역사의 침체기에 있었다. 아람 왕 하사엘이 침략했을 때 여호아하스는 그와 그 아들 벤하닷의 종이 되었다.

요아스

여호아하스의 아들이자 이스라엘의 12대 왕이다(800-785). 그는 아람과 앗수르 왕 아닷니라리(Adad-nirari)의 전쟁을 틈타 아람을 공격, 이스라엘 왕국의 '멍에(yoke)'를 제거했다. 그는 벳세메스 근방에서 치러진 유다 · 이스라엘 전투에서 유다 왕 아마샤를 꺾고 그를 포로로 잡아가는가 하면, 예루살렘을 침략하여 왕궁의 보물과 성전을 약탈했으며 성벽을 무너뜨리고 포로를 잡아갔다.

여로보암(여로보암 2세)

요아스의 아들로, 다윗과 솔로몬 시대와 같이 이스라엘 왕국을 통합 · 확장했다. 여로보암은 집권 당시(785-749년) 이스라엘의 '위대한 왕' 중 하나로 꼽혔으나, 성경에 따르면, 그는 하나님의 눈앞에서 악을 행한 탓에 아모스 선지자의 책망을 받았다고 한다. 그때 활동한 선지자로는 호세아와 요나가 있다.

스가랴

여로보암 2세의 아들이다. 그는 약 반년 동안(749년) 이스라엘을 다스렸으며 야베스의 아들 살룸에 의해 죽임을 당했다. 스가랴의 죽음으로 예후 왕조는 종언을 고했다.

살룸

야베스의 아들로 여로보암의 아들 스가랴를 죽였다. 통치기간은 약 30일 정도 되며(748년) 가디의 아들 므나헴에 의해 죽임을 당했다.

므나헴

가디의 아들은 야베스의 아들 살룸을 학살하고 왕좌를 찬탈했다(748-737년). 앗수르 왕 디글랏 빌레셀 3세에 막대한 조공을 바쳤으며 죽기 전까지 약 10년을 통치했다.

브가히야

므나헴의 아들로 그를 이어 왕위에 올라 2년간 통치했다(737-735년). 르말랴의 아들 베가 장관에게 죽임을 당했다.

베가

르말랴의 아들. 브가히야 왕의 장관이나 그를 죽이고 권좌에 올랐다(735-731년). 한편, 그는 유다 및 앗수르와 대항하기 위해 아람 왕 르신과 조약을 체결, 이스라엘과 아람 군대를 동원하여 유다를 침략하고 예루살렘을 포위했다. 그러나 갈릴리에서 디글랏 빌레셀 3세가 등장하자 상황은 달라지기 시작했다. 그는 에브라임 산지를 공격하고 사마리아를 위협했다. 성경은 엘라의 아들 호세아가 베가를 죽인 후 왕위를 찬탈했다고 기록했다.

호세아

엘라의 아들이자 이스라엘의 19대 왕으로(731-722년) 르말랴의 아들 베가를 죽이고 왕좌를 빼앗았다. 그는 앗수르의 디글랏 빌레셀 3세에게 막대한 조공을 헌납했고 앗수르는 이스라엘 영토를 대부분 합병했다. 이에 호세아는 동맹국을 결성, 앗수르에 대항했으나 살만에셀 3세에 의해 사마리아가 함락되면서 결국 이스라엘 왕국은 막을 내렸다.

15

유다왕국

The Kingdom of Judah

통일왕국이 분열된 후 남유다 왕국은 유다와 베냐민 및 시므온 지파의 영토를 아우르며 928년부터 제1성전이 무너지기까지(587년) 명맥을 이어갔다. 남유다를 다스린 왕들 가운데 19명이(총 20명) 다윗 왕족 출신이다. 유다 왕국은 이스라엘과 계속 전쟁을 벌였으며 때로는 이방 민족에 도움을 요청하기도 했다. 아마샤 집권 당시 유다는 전쟁에 대패하여 이스라엘의 속국이 되었고, 여호사밧과 요람 및 아하시야는 두 동족 왕국과 조약을 체결했으며, 전성기의 왕으로 꼽히는 웃시야는 지중해와 홍해를 잇는 길을 닦고 도시를 건설했다. 주전 722년, 사마리아가 앗수르에게 함락되어 이스라엘 왕국이 무너질 무렵, 아하스 왕의 유다는 앗수르의 속국이었다. 한편, 히스기야 왕은 앗수르에 반란을 일으켰고, 요시야 왕은 산헤립 집권 당시 앗수르의 국력이 쇠약해진 틈을 타 북방과 서방으로 영토를 확장시켰다. 마침내 예루살렘 함락으로 여호야긴을 이어 시드기야가 즉위하자 바벨론은 제1성전을 파괴하고 수천 명을 포로로 잡아갔다. 유다 왕국의 역사는 『열왕기상 · 하』와 『역대하』에 기록되었다.

16

유다 왕

The Kings of Judah

928-911	르호보암	758-742	요담
911-908	아비야	742-726	아하스
908-867	아사	726-697	히스기야
867-851	여호사밧	697-642	므낫세
851-843	요람/여호람	642-640	아몬
843-842	아하시야/여호아하스	640-609	요시야
842-836	아달랴	609-608	여호아하스
836-799	요아스	608-597	여호야김
799-786	아마샤	597	여호야긴
786-758	웃시야	597-587	시드기야

유다 왕은 모두 스물이며 아합의 딸 아달랴를 제외한 나머지가 다윗 가문 출신이다. 유다 왕 요람과 혼인한 아달랴는 아들 아하시야가 죽은 후 왕좌에 올랐다.

르호보암

솔로몬 왕국이 분열한 후 유다의 첫 왕인(928-911년) 그는 암몬 족속인 나아마와 솔로몬의 아들이다. 솔로몬 사망 이후 지파의 대표들이 과중한 세금을 감당키가 어렵다며 르호보암에게 불만을 털어놓자 그는 "내 아버지는 채찍으로 너희를 징계하였으나 나는 전갈 채찍으로 너희를 징계하리라"고 대꾸했다(왕상 12:11). 결국 왕국은 백성들의 원성에 둘로 갈라지고 말았다. 르호보암은 세펠라(저지대)와 예루살렘 주변에 요새를 세워두고 집권 내내 이스라엘과 전쟁을 치렀으며, 한때 이집트 왕 시삭의 침략으로 유다 성읍이 노략질을 당하기도 했다.

아마샤와 오아스의 전쟁들

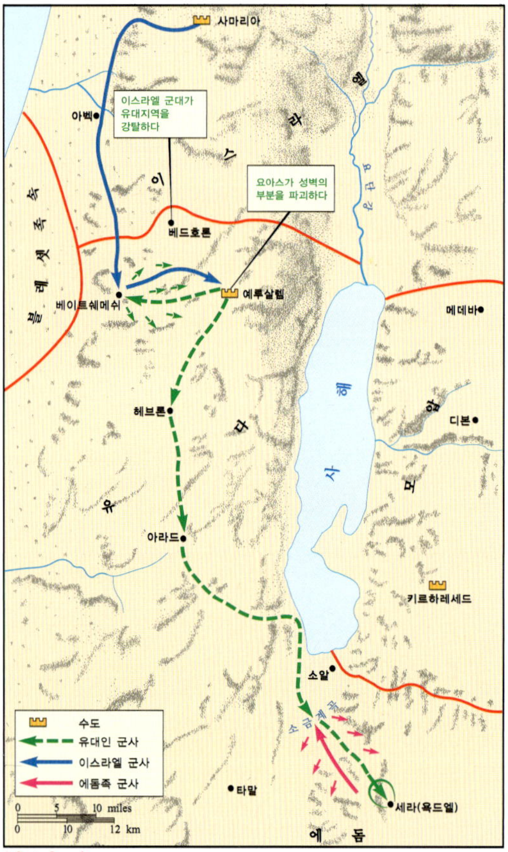

아비야

유다의 2대 왕(911-908)이며 부친 르호보암을 이어 권좌에 올랐다. 그는 나밧의 아들 여로보암과 싸워 몇몇 성읍을 점령했다. 『열왕기』에 따르면, 아비야는 부친의 죄악을 답습했다고 하나 『역대기』는 그가 10지파의 왕국과, 예루살렘 성전의 위상을 회복하려고 노력했다고 기록했다.

아사

아사는 부친 아비야를 이어 유다의 세 번째 왕이 된다(908-867년). 그는 아비야가 그랬듯이, 유다와 이스라엘을 통합하려고 노력했으며, 여로보암 가문 및 바아사 왕과 전쟁을 벌였으나 결국에는 패배하고 말았다. 또한 구스 사람 세라가 대군을 이끌고 쳐들어오자 이들을 유다 남경까지 쫓아내기도 했다.

여호사밧

아사의 아들이며 유다의 4대 왕이다(867-851). 그는 기존의 성읍을 강화시키는가 하면 신도시를 건설하고 군사력을 강화시켰다. 블레셋 사람들에게는 조공을 바치게 했으며 암몬과 모압 군사를 물리치기도 했다. 말년에는 이스라엘 아하시야 왕의 도움으로 다시스로 행할 해군을 조직했으나 에시온게벨에서 배가 난파되면서 그의 계획은 수포로 돌아갔다.

요람/여호람

유다의 5대 왕이자(851-843년) 여호사밧의 장남으로, 이스라엘 아합 왕의 딸 아달랴와 혼인했다. 그녀의 영향으로 그는 여섯 형제와 몇몇 제사장을 죽였고 제사장 성읍인 립나와 에돔의 항거에 부딪치는가 하면, 블레셋과 아라비아가 유다를 침략했을 땐 아내와 자녀들이 인질로 잡히기도 했다(막내아들 아하시야만이 빠져나왔다). 그는 중병으로 세상을 떠났으나 왕의 무덤에는 묻히지 못했다.

아하시야/여호아하스

요람의 막내아들이자 유다 왕이다. 아들 중에는 유일하게 아버지 요람보다 오래 살았다. 그는 1년간 집권하면서(843-842년) 모친 아달랴의 우상 숭배 사상을 답습했고 오므리 왕조와의 조약을 더욱 강화시켰다.

아달랴

아합과 이세벨의 딸이다. 유다 왕 요람과 혼인한 아달랴는 형제를 죽이고 아람과 전쟁을 벌이라며 그를 설득하는가 하면, 아들 아하시야가 죽자 왕위 계승자를 모두 죽이고 스스로 여왕이 되었다(842-836년). 한편, 요아스는 아하시야의 누이 여호세바가 6년간 숨겨주었고 그 이듬해에는 대제사장 여호야다에 의해 기름 부음을 받게 된다. 아달랴는 도망하는 중 죽임을 당했다.

요아스

아하시야의 아들이며 유다의 8대 왕으로(836-799년) 6년간 대제사장 여호야다의 아내 여호세바의 비호를 받았다. 요아스가 여호야다에 의해 즉위하자 다윗 왕조는 새로운 국면을 맞이하게 된다. 요아스는 집권 당시 제사장의 권한을 강화시켰고 예루살렘의 바알 신상은 제거했다. 그러나 말년에는 아람 왕 하사엘에 항복하고 여호야다의 아들 스가랴가 살해된 후 신하들의 배반으로 죽임을 당한다.

아마샤

요아스의 아들이며 유다의 9대 왕이다(799-786). 그는 부친을 죽인 자들을 처벌했으나 그들의 자녀는 해치지 않았다. 또한 에돔과의 전쟁 당시, 그는 군대를 편성하는가 하면 이스라엘과의 연합을 요청했으나 받아들여지진 않았다. 에돔을 물리친 후 유다와 이스라엘의 갈등은 더 커져갔다. 아마샤는 이스라엘 왕 요아스와의 전쟁을 선포했으나 결국 패배하여 포로가 되었고, 예루살렘은 함락되었으며 궁전과 성전의 보물은 노략질을 당했다. 그는 통치 말년에 즈음하여 지도자들과 갈등을 느꼈으며 라기스에 도착한 후 살해당한다.

웃시야

아마샤의 아들이자 유다의 10대 왕이다(786-758). 그는 아버지가 죽은 후 왕위에 올랐고 유다 강화정책을 폈다. 또한 일부 블레셋 성읍을 다스렸고 예루살렘과 유다에 요새를 건설하는가 하면 군대를 정비하기도 했다. 그러나 웃시야는 자신의 공로에 도취된 나머지 제사장 직에 욕심을 낸 탓에 —『역대기』에 따르면 — 문둥병에 걸렸다고 한다. 웃시야는 살아생전 아들 요담에게 왕위를 물려주었으나 그가 정확히 몇 년을 통치했는지는 알려지지 않았다. 동시대 선지자로는 이사야와 아모스 및 호세아가 있다.

요담

아버지 웃시야를 이어 유다의 11대 왕이 되었다(758-742). 일설에 따르면, 그는 문둥병에 걸린 부친 대신 섭정을 했다고 한다. 요담은 부친의 정책을 계속 추진했고(엘랏 통치도 포함) 암몬 족속을 굴복시켰으며 유다 경계를 동쪽으로 확장해 나갔다. 말년에는 아람 왕 르신과 이스라엘의 베가가 유다를 치려고 했다.

아하스

요담의 아들이자 유다 왕이다(742-726). 그에게는 부친과 조부 웃시야 집권 당시 섭정 경험이 있었다. 그는 앗수르에 대항한다 해도 아람 · 이스라엘 군대와는 연합하지 않으려 했고, 결국에는 아람과 이스라엘로부터 침략을 당하게 된다. 예루살렘이 포위되자 아하스는 이사야 선지자의 조언과는 달리 앗수르 왕 디글랏 빌레셀 3세에 도움을 청했다. 한편, 에돔과 블레셋은 아람 · 이스라엘과의 마찰을 틈타 네게브와 서부 유다 산지에서 유다 영토 일부를 점령하기도 했다.

히스기야

아하스의 아들인 히스기야는 앗수르에 넘어간 왕국을 물려받았다(726-697). 그는 이사야 선지자의 지도로 성전을 정화하고 우상을 제거했으며 동맹국에 힘입어 앗수르에 대항하기도 했다. 앗수르 왕 산헤립이 연합군을 격파하자 히스기야는 이에 항복하고 막대한 조공을 바쳤으나 산헤립이 떠나자 히스기야는 다시 앗수르와 전쟁을 벌였다. 결국 앗수르 군대는 예루살렘을 포위했으나 역병이 돌아 그곳을 떠나야 했다. 그는 이사야의 조언과는 달리 바벨론 왕이자 산헤립의 원수인 므로닥발라단과 동맹한다.

므낫세

히스기야와 헵시바의 아들이자 유다 왕이다(697-642). 므낫세는 나이 열둘에 즉위하여 55년을 통치했다(최장기록 보유자). 『열왕기』와 『예레미야』는 그가 바알과 아스타르테(Astarte, 고대 근동지방의 대모신—옮긴이) 제단을 세우고 몰렉을 위해 아들을 불 가운데로 지나가게 한 것과 관련한 '혐오스런 작태'를 기록한 반면, 『역대기』는 그가 앗수르 왕에게 붙잡힌 후 하나님께 죄를 회개하여 유다로 귀환하는 과정을 담았다.

아몬

므낫세의 아들이자 유다 왕인 그는 부친의 방침을 그대로 따랐다. 『역대기』는 그를 두고 아하스와 므낫세보다 더 악하다고 기록했다. 그는 2년간 통치했으며(642-640) 신하에게 피살되었다.

요시야

아몬의 아들이자 나이 여덟에 즉위한 유다 왕이다. 그의 섭정 기간은(640-609) 유다 역사상 '최후의 황금기(the last Golden Age)'로 꼽힌다. 요시야는 이교도의 산당을 제거하고 예배의식을 도입했으며 예루살렘을 종교 중심지로 삼는가하면 종교 부흥운동을 주도하기도 했다. 앗수르의 국력이 쇠약해지자 국가의 독립도 가능성이 보이기 시작했다. 한편, 이집트에 대항한 유일한 왕인 요시야는 앗수르를 공격한 바로 느고(이집트)의 이동경로를 차단하려다가 부상을 입는다.

여호아하스

요시야의 아들이다. 그는 3개월(609-608) 동안 유다를 통치했으며 바로 느고(Pharaoh Necho)에 의해 포로로 끌려가 이집트에서 죽었다.

여호야김/엘리아김

요시야의 아들인 여호야김은 여호아하스가 폐위된 후 바로 느고에 의해 왕으로 추대됐다(608-597). 그는 폭정을 일삼고 백성을 억압하는가 하면 예레미야를 비롯하여, 부정적인 예언을 한 선지자를 박해했다. 당시 유다는 이집트의 속국이었으나 갈그미스 전투 이후에는 바벨론의 속국이 됐으며 『역대기』에 따르면, 여호야김은 쇠사슬에 결박되어 바벨론으로 끌려갔다고 한다.

여호야긴

여호야김의 아들로 유다가 바벨론에 대항할 때 왕위에 올랐다. 그는 3개월 집권 후(597년) 느부갓네살에 의해 모친과 가족, 신하 및 수천 명의 군사와 함께 바벨론으로 끌려가 궁중에서 옥살이를 했으며 마침내 바벨론의 에윌므로닥(Evil-Merodach) 왕에 의해 석방되었다. 바벨론 유수와 예루살렘 귀환에 이르기까지 그의 자손에서 걸출한 지도자들이 배출됐다.

요아스와 여로보암 2세의 정복

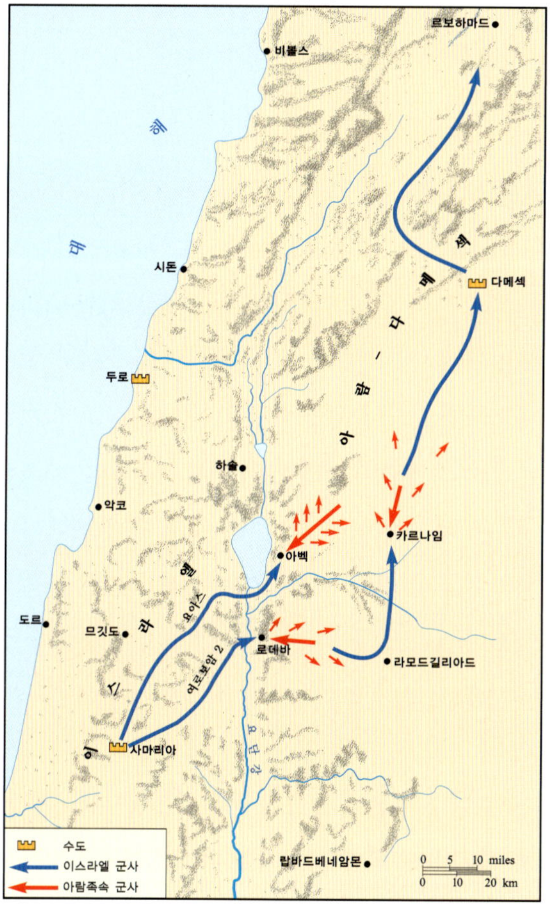

© Carta, Jerusalem

시드기야

요시야와 하무달의 셋째 아들이자 유다의 마지막 왕이다(597-587). 느부갓네살 집권 당시 즉위한 그는(맛다냐에서 시드기야로 개명) 예레미야 선지자의 경고에도 불구하고 바벨론과 투쟁하자는 의견에 마음을 두었다. 마침내 느부갓네살의 군대가 유다를 공격, 예루살렘을 포위하고 성벽을 무너뜨리자 탈출을 시도하던 시드기야는 결국 갈데아인들에게 잡히고 만다. 바벨론 왕은 시드기야가 보는 앞에서 아들들을 무참히 살해한 후, 그의 눈을 빼내게 하고 그를 사슬로 결박하고는 바벨론으로 끌고 갔다.

17

선지자

The Prophets

성경에 등장하는 선지자는 하나님의 특사이자 하나님과 개인(백성 혹은 이방인) 사이의 중재인이었으며 자신의 의지와는 상관없이 선택되었다. 성경에 따르면, 선지자는 '보는 자(seer)'나 '꿈꾸는 자(visionary)' 혹은 '하나님의 사람(man of God)'으로 불리었으나 의미는 동일하다.

학자들은 족장인 아브라함과 이삭 및 야곱부터 말라기까지(시온 귀환) 선지자 48인과 여선지자 7인을 꼽는다. 그러나 성경은 미래를 예견하는 능력도 기록했으며, 발람과 욥과 같이 이방 민족을 두고 예언한 선지자도 일곱을 소개했다.

전 · 후 선지자는 성경에 출현한 순서에 따라 지정했으며 성격과 지위 및 업적에 따라서는 크게 셋으로 — '지도자급(leader)' 선지자와 궁중 선지자 및 고전 선지자 — 분류할 수 있다(이는 활동 시기와도 맞물린다).

초대 **지도자급 선지자로**는 단연 모세를 꼽으며 그의 누이 미리암도 여선지자였다. 사사 중에도 선지자와 복술자가 몇몇 있었으나 드보라만이 여선지자로 인정받았다. 사사시대의 많은 예언자들은 어디까지나 사욕을 위해 조직된 듯

싶다. 마지막 '지도급' 선지자는 사무엘이었다.

궁중 선지자(Courts prophets)

다윗과 솔로몬 및 유다·이스라엘 분열왕국 당시 활동했던 선지자를 일컫는다. 갓과 나단은 다윗·솔로몬 집권 당시 궁중 선지자였고 스마야('하나님의 사람')와 잇도('보는 자')는 르호보암과 아비야의 연대기를 기록했으며 실로인 아히야와 하나니의 아들 예후 및 이믈라(Imlah)의 아들 미가야는 왕의 그릇된 행실에 반대하며 그들의 운명을 예견했다. 한편, 엘리야와 엘리사는 언행심사가 확고한 인물로 정치·사회·종교문제에 개입했으며, 훌다 선지자는 요시야 왕의 청으로 조언을 해주기도 했다.

고전 선지자(Classical prophets)

선지서와 밀접한 인물을 일컫는다. 대 선지서와 소 선지서에서 각각 셋(이사야, 예레미야 및 에스겔)과 열두 명을 꼽는다. 고전 선지자는 종교적 열정과 윤리·사회적 견해, 역사적 통찰력 및 언변이 각자 달랐으며 행운을 점치거나 기적을 행할 필요는 없었다.

그러면 궁중 선지자(고전 선지자도 포함)를 간략히 살펴보자.

갓

다윗 집권 당시 궁중 선지자였다. 그는 다윗이 권좌에 오르기 전부터 그의 부대에 합류했다. 다윗은 그를 통해 하나님의 뜻을 들었고 갓의 조언에 따라 아라우나 마당에 제단을 쌓았다.

나단

다윗·솔로몬 시대에 활동했던 궁중 선지자였다. 그는 다윗 왕가가 영원하리라는 것을 일러주었으며 솔로몬 왕조까지 성전 건축을 연기하라고 했다. 한편, 밧세바와 우리아에게 행한 죄를 두고는 다윗을 꾸짖었다(삼하 12:1-4, '가난한 자의 양' 비유).

엘리야가 다닌길

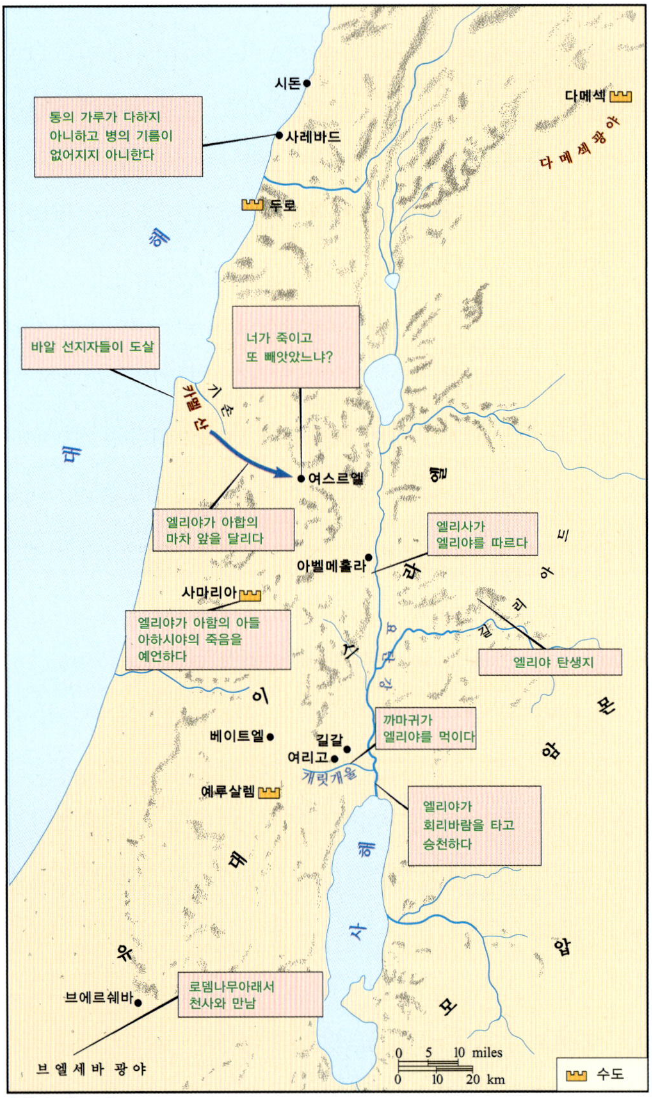

© Carta, Jerusalem

아히야

실로인 아히야는 솔로몬과 여로보암 시대의 선지자로서 솔로몬이 과중한 세금을 부과하고 이교도의 관행을 허락한 탓에 그를 반대했으며 여로보암의 집권을 예견했다. 아히야는 이를 상징적으로 실현시켰다(자신의 옷을 열둘로 찢어 열 조각은 여로보암에게 주고 다윗 왕가에는 한 조각을 남겼다).

스마야

유다왕 르호보암 시대 활동했던 '하나님의 사람'이다. 그는 나밧의 아들 여로보암을 치지 말라는 하나님의 메시지를 르호보암에게 전했다. 그와 잇도는 르호보암과 그의 전쟁사를 기록하기도 했다.

잇도

유다왕 르호보암과 아비야 집권 당시의 선지자로 르호보암(스마야와 함께)과 아비야의 실록을 기록했다.

예후

하나니의 아들이자 이스라엘왕 바아사와 유다왕 여호사밧 시대에 활동했다. 그는 바아사의 악한 행실을 꾸짖는가 하면 그의 운명을 예언하기도 했다.

엘리사의 활동

엘리야

('디셉' 혹은 '길르앗'사람으로도 불렸다) 유명하고도 강한 면모를 지닌 선지자로 이스라엘에서 아합·아하시야 시대에 활동했다. 유일하신 하나님을 열정적으로 섬기며 바알 숭배사상과 격전을 벌인 그는 왕정시대에 추격을 받아 종종 은신처를 전전하기도 했다. 결국 바알 선지자들은 그로 인해 목숨을 잃었다. 한편, 그는 까마귀가 공급하는 음식을 먹고 회오리 바람을 타고 승천하는 등 기적을 체험했으며, 엘리사를 선지자로, 하사엘과 예후는 각각 아람과 이스라엘왕으로 추대하기도 했다. 일찍이 말라기 시대에는 엘리야가 최후의 심판 전에 재림할 것이라는 믿음이 널리 확산되었는데, 전설에 따르면 그는 메시야의 날을 예고할 것이라고 한다. 유월절 전날 밤 와인 잔을 두는 것은 그를 기념하는 관습이다('엘리야의 컵Elijah's cup').

미가야

이믈라의 아들로 이스라엘의 아합과 유다왕 여호사밧 집권 당시 활동했던 선지자다. 아합은 항상 자신의 죽음을 예언하는 그를 경멸했다. 미가야는 신랄한 예언 이후 거짓 선지자인 시드기야로부터 뺨을 맞고 옥에 갇혔다.

엘리사

사밧의 아들이며 여호람과 예후, 여호아하스 및 요아스 집권 당시의 선지자다. 엘리야가 그의 외투를 엘리사에게 덮어주고 기름을 부어 그를 선지자로 세웠다. 그는 자신의 생각을 과감히 밀어붙이며 정치적으로 두각을 나타냈고, 이스라엘 왕조를 두고 예언하는가 하면 예후를 왕으로 추대했으며 아람 군인을 도단에서 사마리아까지 이끌었을 뿐만 아니라 사마리아의 회복을 예언하기도 했다. 또한 두 마리 곰에게 희생된 42명의 아이들을 비롯하여(“조롱하여 이르되 대머리여 올라가라 대머리여 올라가라”)(왕하 2:23), 수넴 여인의 아들을 살리는가 하면 문둥병 걸린 나아만 장군을 요단강에서 회복시키는 등 많은 기적을 일으키기도 했다.

선지자들의 도시

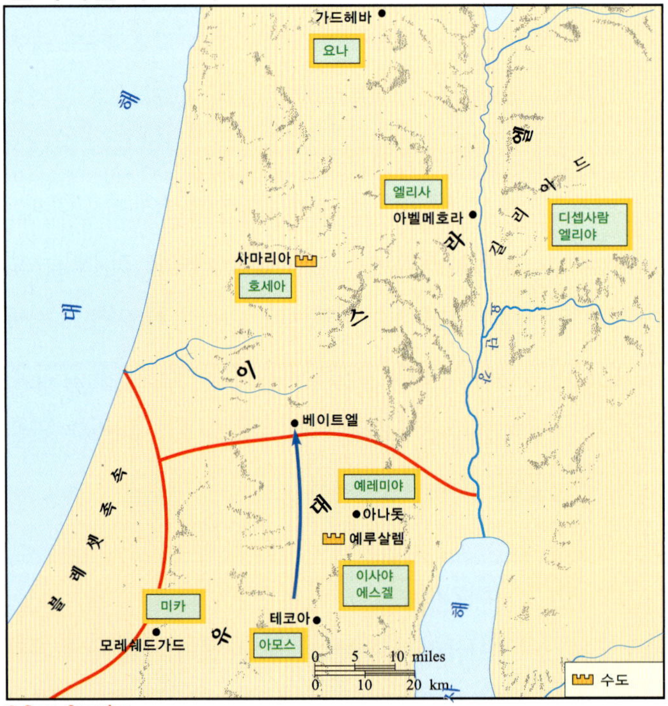

© Carta, Jerusalem

훌다

유다왕 요시야 집권 당시 여선지자로 활동했다. 왕의 요청으로 힐기야와 아히감 및 압돈이 그녀에게서 하나님의 음성을 듣고자 했고 왕은 이를 들은 대로 시행했다.

후선지자

아모스와 호세아는 8세기 이스라엘 왕국이 무너지기 전에 나타났고 이사야와 요엘, 미가, 나훔, 하박국, 스바냐 및 예레미야는 유다 왕국에서 활동했다. 오바댜는 성전이 파괴된 후에 선지자로 활약했으며 에스겔은 예루살렘이 함락되기 전에 나타났다. 아울러 학개와 스가랴 및 말라기는 시온 귀환 이후에 출현한 선지자였다.

거짓 선지자

하나님의 선지자와 더불어 출현한 거짓 선지자들은 금전적인 사욕을 위해 백성을 속이는가 하면, 바알과 아스타르테(Astarte, 고대 근동지방의 대모신—옮긴이) 등 우상을 전파하기도 했다. 그중 하나가 『느헤미야』에 — 산발랏 편에 선 노아댜(Noadiah) — 언급됐다.

18

제사장, 레위인과 이스라엘

• *The Priests, Levites, and Israel*

레위사람들이사는 도시

제사장(코하님)

레위 지파이자 대제사장 아론의 후손으로서 성막과 성전의 제사장으로 구별된 남성을 가리킨다. 그들은 제물을 하나님께 드리고 향을 태우며 진설병을 바치는 일을 했다. 또한 제물의 일부나 초태생 우양, 첫 열매 및 십일조로 생계를 유지한 탓에 기업을 따로 받지는 않았으며 죽은 자에 접촉하거나 이혼한 여성과는 결혼할 수 없었다. 제사장의 수장인 대제사장은 성전에서 거행하는 대속죄일(욤 키푸르) 예식을 비롯하여 특별한 의무가 여럿 있었다. 제사장의 의무는 예배에 국한돼있으나 사사와 제1성전 시대에는 그 외에도 책임이 있었다. 이를테면, 하나님의 말씀을 백성에게 전했고 하나님께 드릴 질문을 받았으며 토라를 가르쳤으며 의식적인(ritual) 순결과 부정을 판단했을 뿐만 아니라, 법적인 문제도 아울러 처리했다.

(그러나 제2성전 시대에 대제사장은 정치 지도자가 되어 (결국) 율법 해석자와 교사 및 영적인 지도자(spiritual guides)라는 지위는 상실하고 만다. 오늘날 제사장의 특징

유다왕국의 마지막해

은 소수만 명맥을 유지할 뿐이다. 예를 들어, 계보를 잇는 성(姓)을 코헨, 카하네, 혹은 카쯔(Katz, 코헨 쩨데크[의로운 제사장]의 두문자어)로 붙이고 회당에서는 제사장 축사를 낭독하며, 장자의[피디온 하벤(pidyon haben)] 대속 관습도 그대로 남아있다. 제사장은 이혼한 여성과는 결혼할 수 없으며 주검에 접촉하거나 묘지에 들어갈 수 없다.)

레위인

레위 지파 가운데 제사장 반열에 들지 않은 사람들이다. 그러나 금송아지 사건 당시 모세에게 충성심을 발휘한 공로에 힘입어 성막에서 헌신하는 자로(제사장과 같이) 발탁되었다. 광야 여정에서 그들은 성막과 성물을 운반했고 제사장을 도왔으며 가나안에 정착할 무렵에는 48개 성읍 외에 영토를 받지 않아 백성들이 바친 십일조로 생활했다. 제1성전이 건립되어 성막 이동이 중단되자 레위인들은 성전 파수꾼 스물네 반열로 나뉘었다(제사장 24반열과 일치하는 대목). 또한 그들은 재판관과 관리(officials), 토라 교사 및 서기관으로 지명되기도 했다.

(제2성전[훗날에는 회당] 시대의 레위인들은 음악인과 문지기 및 성전관리에 국한됐으며 사회적으로는 제사장 다음 가는 위치에 있었다. 또한 몇몇은 이름으로 — 레비(Levi), 할레비(Halevi), 레빈(Levine) 및 레비테(Leviteh) 등 — 레위 계보를 잇기도 했다.)

이스라엘

제사장이나 레위인을 제외한 유대인을 가리킨다.

19

성전이 무너지다

The Destruction and Esile

'유수(exile)'란 이스라엘 백성이 본국에서 추방되어 이방 땅에 정착하는 것을 일컫는다. 하나님의 심판을 기록한 성경(레 26, 신 28-30)을 보면 유수는 이스라엘이 하나님의 계명을 준행하지 않은 데 따른 가장 엄중한 심판이었다. 그러나 하나님은 회개하면 본국에 돌아올 수 있다는 점도 아울러 약속하셨다.

그러면 이스라엘이 본토에서 추방된 역사를 되짚어보자. 일찍이 유대인들은 애굽에서 노예생활을 했고, 주전 733년에는 앗수르의 디글랏 빌레셀(Tiglath-pileser) 왕에 의해 이스라엘 북방민족과 요르단 인근 성읍 주민들이 앗수르로 끌려가기도 했다. 12년 후, 앗수르 사르곤(Sargon) 왕은 사마리아를 함락하여 잔여 민족을(유다 왕국만 남았다) 끌고 갔다. 한편, 주전 597년 바벨론의 느부갓네살 왕은 여호야긴 왕과 그의 심복 및 군인을 예루살렘에서 끌어내고는 숙부 시드기야를 왕으로 세웠다. 그러나 시드기야의 반란으로 느부갓네살 왕이 예루살렘까지 치고 올라오자 성읍과 성전이 파괴되고(587년) 많은 유다 백성들이 바벨론에 끌려갔다.

('유수'는 제2성전 시대에 예루살렘에서 추방된 자들(exiles)을 가리키기도 한다. 이를테면, 로마가

이스라엘을 속국으로 삼은 사건을 두고는 '에돔 유수(Edomite exile)'라고 하며, 이슬람 국가에 정착한 이스라엘은 '이스마엘 유수(Ishmaelite exile)'라고 한다. 그리고 주후 15세기 말 스페인과 포루투갈에서 추방된 유대인을 두고는 '스페인 유수(Spanish exile)'라고 하는데, 일반적으로는 유대인들이 이스라엘 밖으로 대거 흩어진 사건이 바로 '유수'다.)

20 다시 시온으로

The Return to Zion

'시온 귀환(the Return to Zion)'은 538년 고레스의 칙령에 따라 바벨론 포로 중 일부가 이스라엘로 귀환한 사건을 두고 하는 말이다. 그들은 여름에 떠나, 히브리 달력으로 티슈리월 이전에 제단을 쌓고 희생 제사를 거행했으며 제2년 이야르월에 성전 건축을 시작했다. 스룹바벨의 지도하에 처음 귀국한 자들은

유대로부터 추방

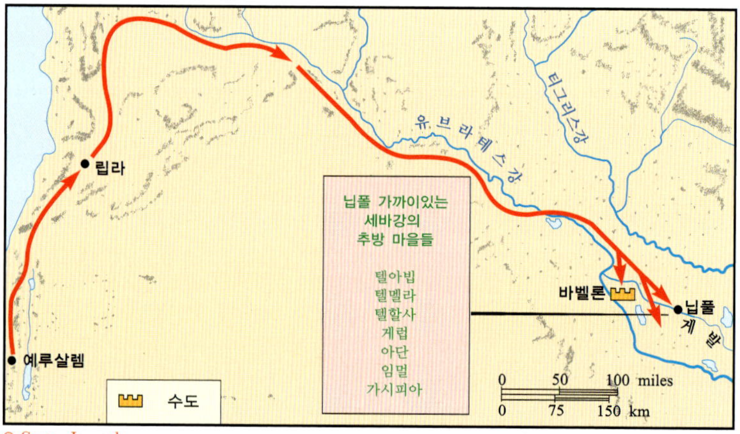

유다를 대항한 느브갓네살의 마지막 군사행동

42,360명으로, 바벨론 포로의 후손들도 복귀자 명단에 등재됐다. 그리고 5세기 중엽에는 에스라의 영도로 약 5,000명이 돌아왔다(2차 귀환). 바벨론 유대인이 절반가량 복귀한 셈이다.

성전은 주전 520년에 건축을 시작, 515년에 완공되었으며 경비는 (희생 제물까지도) 왕실이 부담했다. 대규모 인구의 귀환으로 부유층의 규정이 강화되고 사회적 긴장이 조성되었으며, 여성 귀국자가 부족한 탓에(첫 귀환시 장정은 30,000이었으나 여성과 아이들은 고작 12,000에 그쳤다) 이방인과의 결혼이 성행하게 되었다. 이를 두고 말라기 선지자는 분노를 참지 못했고 『에스라』는 통혼이 제사장 계열까지 확산됐다고 밝혔다. 에스라의 귀환에 즈음하여 느헤미야(혹자는 에스라 이전 인물로 추정한다)는 예루살렘 성벽을 세우고 (에스라처럼) 사회 · 종교개혁에 집중했다.

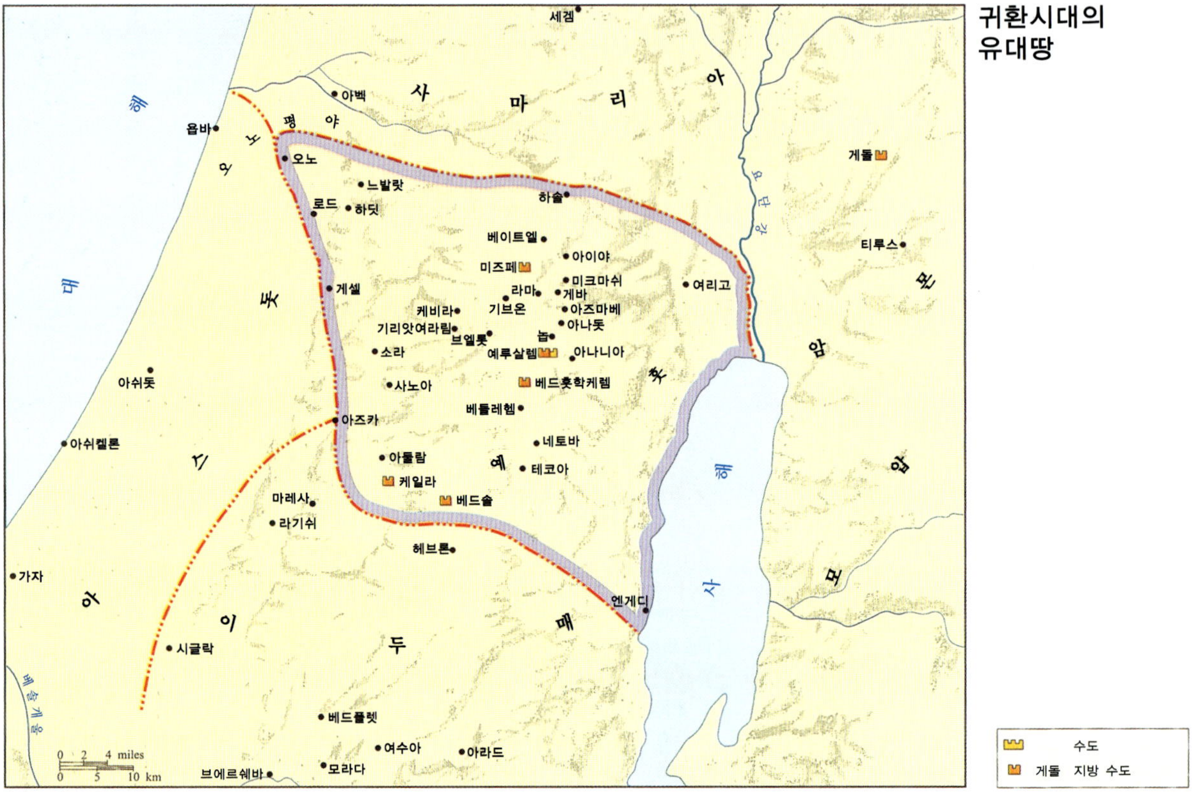

© Carta, Jerusalem

귀환시대의 유대땅

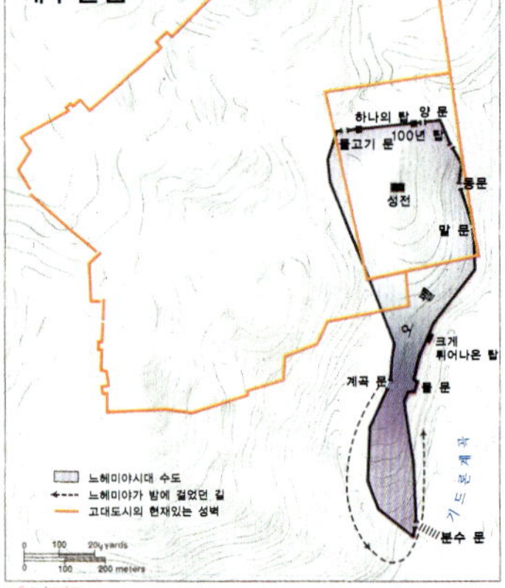

느헤미야 시대의 예루살렘

© Carta, Jerusalem

본토에 귀환한 사람들은 면적이 전 유다 왕국의 5분의 1정도 되는, 예루살렘 인근 지역에 정착했다. 그들은 이곳에서 흩어진 유대인 공동체를 발견, 바벨론식 생활양식을 유대인 정착촌에 배어들게 하는가 하면 통일국가 건설을 두고는 '구별된 종교적 공동체'에 근간을 두었다. 한편, 아람어는 페르시아 왕국의 공식 언어였으나 바벨론에서 귀환한 사람들도 익숙했던 언어였다. 따라서 아람어 서체가 고대 히브리어에 적용되다가 점차 그 자리를 굳힌 것으로 추정된다(물론 고대 히브리어가 완전히 소멸된 것은 아니다). 아람 · 히브리 구어도 병행 활용되면서 그와 비슷한 양상을 보였다.

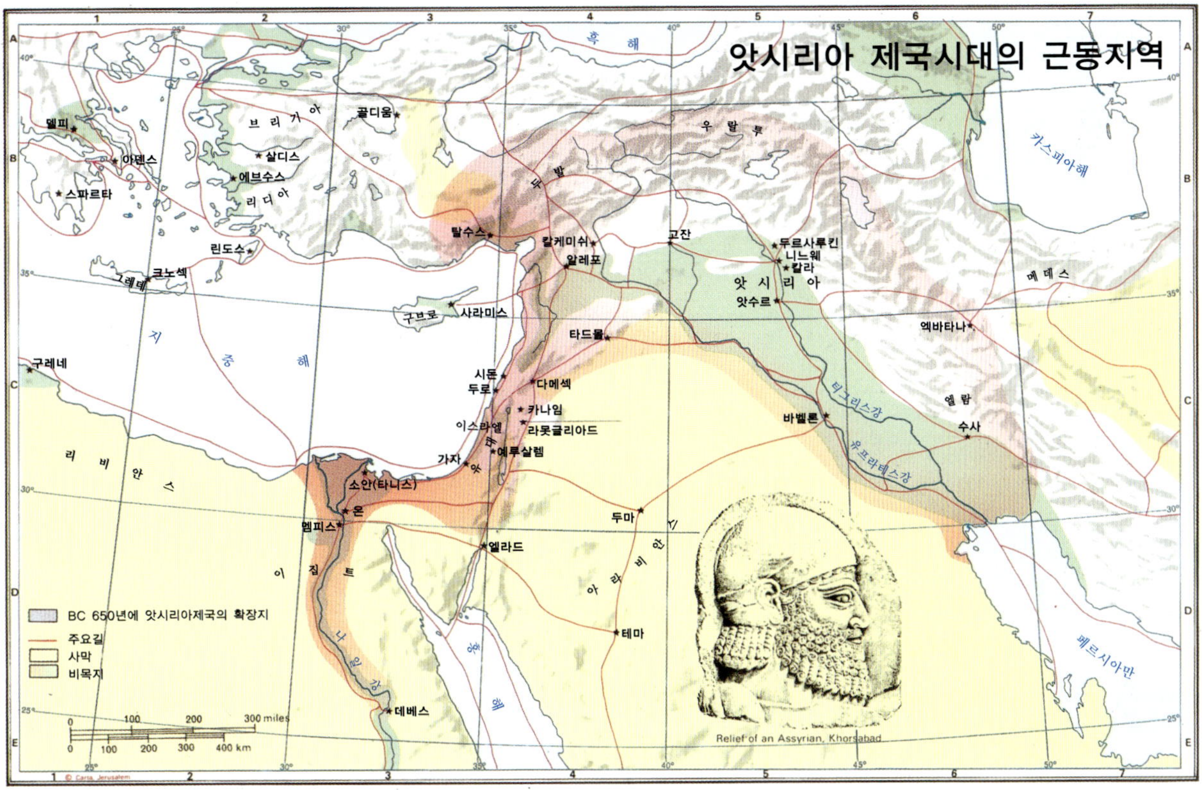
앗시리아 제국시대의 근동지역
흑해
카스피아해
지중해
델피
아덴스
스파르타
브리기아
골디움
살디스
에브수스
리디아
린도스
크노섹
그레테
구브로
사라미스
우랄투
두발
탈수스
칼케미쉬
알레포
고잔
두르사루킨
니느웨
칼라
앗시리아
앗수르
메데스
엑바타나
타드몰
구레네
시돈
두로
다메섹
카나임
이스라엘
라못길리아드
예루살렘
가자
유다
소안(타니스)
온
멤피스
리비안스
이집트
나일강
데베스
엘라드
두마
아라비안스
테마
홍해
바벨론
티그리스강
유프라테스강
엘람
수사
페르시아만
BC 650년에 앗시리아제국의 확장지
주요길
사막
비옥지
0 100 200 300 miles
0 100 200 300 400 km
Relief of an Assyrian, Khorsabad
© Carta, Jerusalem

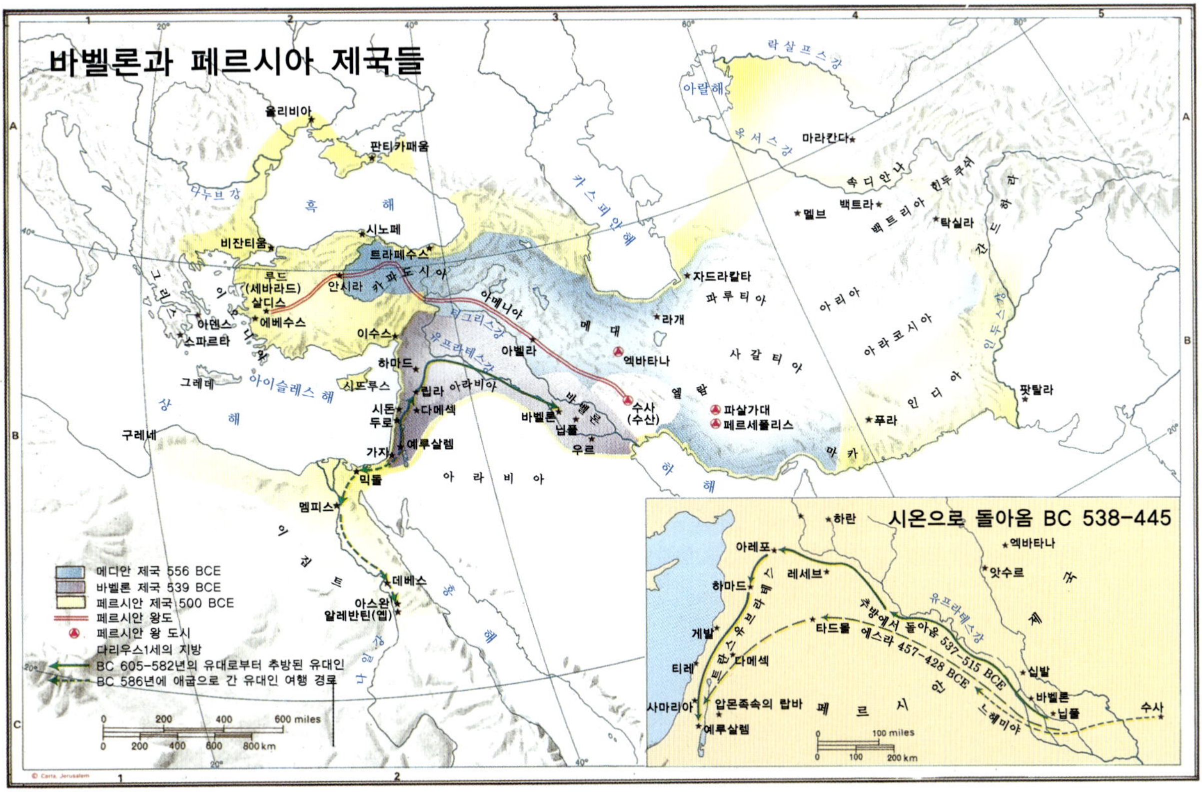
바벨론과 페르시아 제국들
락살프스강
아랄해
옥서스강
마라칸다
올리비아
판티카패움
다뉴브강
흑해
카스피안해
시노페
비잔티움
트라페수스
갑파도시아
루드 (세바라드)
안시라
살디스
아덴스
에베수스
스파르타
그리스
이오니아
아르메니아
이수스
티그리스강
유프라테스강
아벨라
메대
라개
엑바타나
자드라칼타
파루티아
아리아
멜브
백트라
백트리아
힌두쿠쉬
탁실라
소그디아나
사갈티아
아라코시아
인더스강
간드하라
팟탈라
인디아
푸라
마카
파살가대
페르세폴리스
엘람
수사 (수산)
그레데
아이슬레스해
시프루스
하마드
립라
아라비아
시돈
두로
다메섹
바벨론
닙플
우르
예루살렘
가자
믹돌
멤피스
아라비아
이집트
데베스
아스완
알레반틴(엡)
홍해
나일강
구레네
지중해
하해
메디안 제국 556 BCE
바벨론 제국 539 BCE
페르시안 제국 500 BCE
페르시안 왕도
페르시안 왕 도시
다리우스1세의 지방
BC 605-582년의 유대로부터 추방된 유대인
BC 586년에 애굽으로 간 유대인 여행 경로
0 200 400 600 miles
0 200 400 600 800 km
시온으로 돌아옴 BC 538-445
하란
엑바타나
알레포
앗수르
레세브
하마드
유프라테스강
타드몰
포로에서 돌아옴 537-515 BCE
에스라 457-428 BCE
느헤미야
게발
다메섹
티레
사마리아
압몬족속의 랍바
예루살렘
페르시안 제국
십발
바벨론
닙플
수사
0 100 miles
0 100 200 km
© Carta, Jerusalem

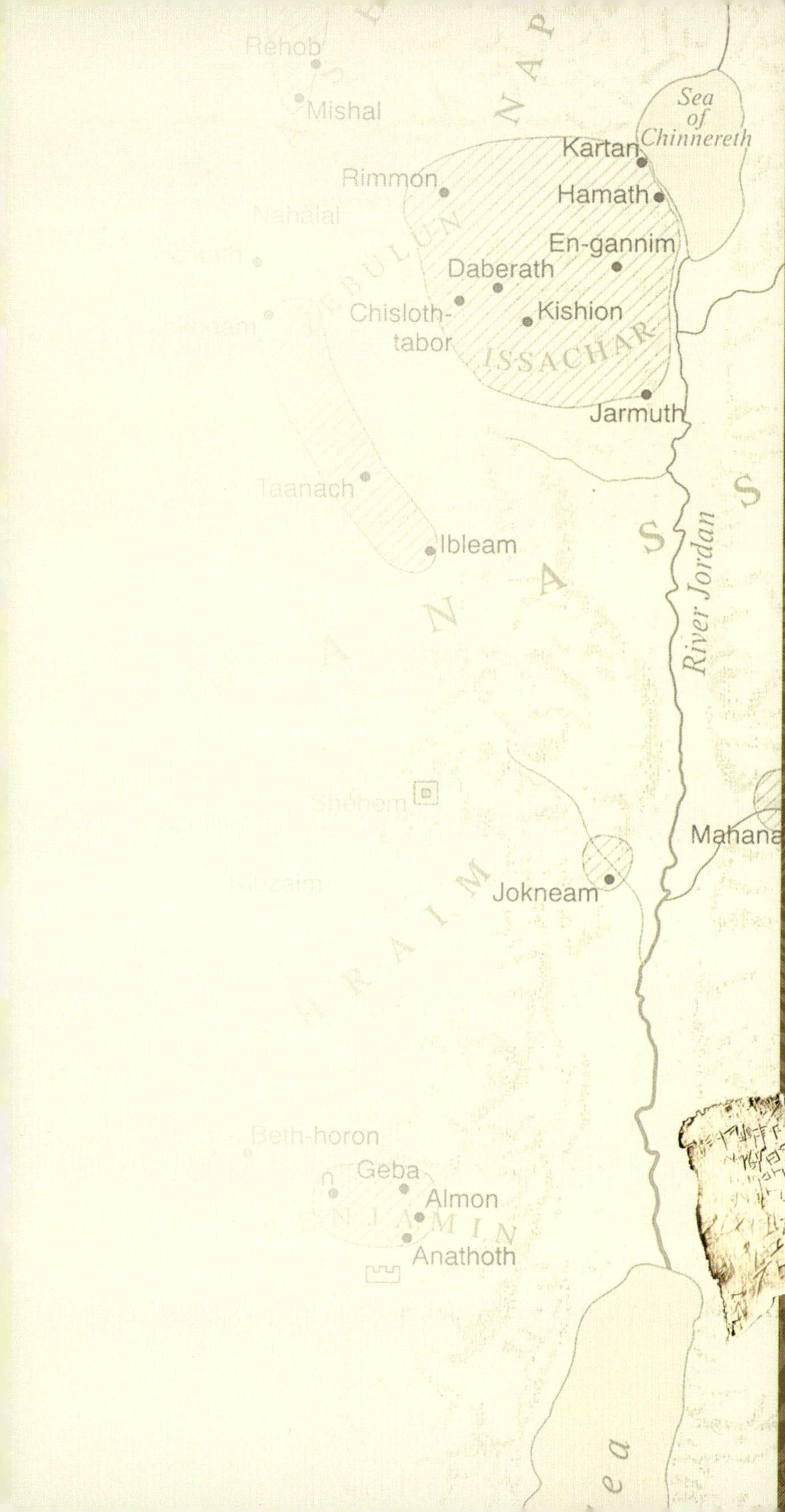

부록

- 히브리어 알파벳
- 모음부호(니쿠드)
- 유대인 달력
- 유대인 절기 달력

부록 A

히브리어 알파벳

히브리어 문자는 총 스물 둘이다. 성서시대에는 히브리어가 페니키아인이 전수한 서체로 표기했다가 제2성전시대에는 아람어에 기초하여 '유대식' 서체가 개발되었고 이는 그 이후 좀 더 발전했다.

초기 히브리어는 주전 9세기에 독자적인 서체가 개발되어 모압의 메사 왕(주전 850년) 집권 당시 처음 모습을 드러냈다고 한다. 예컨대, 주전 8-6세기 사마리아 오스트라카(글을 새긴 도기 조각)와 실로암 조각, 아라드 문자(Arad letters) 및 라키쉬 문자(Lachish letters) 등이 이를 뒷받침한다. 뿐만 아니라 고대 히브리어 서체는 돌조각이나 항아리, 제1성전 봉인, 주전 3세기의 사해사본 및 하스모니안 및 바르 코흐바(Bar kokhba) 화폐에서도 증거를 찾을 수 있다. 사마리아인들은 고대 히브리어를 지금도 쓰고 있다.

주전 7세기부터 아람어는 페니키아에 기초한, 페르시아 제국의 공식 언어였고 헬레니즘시대에는 전 제국의 국가들이 현지 언어의 다양한 서체를 발전시켰다. 페르시아 제국 도처에 자리 잡았던 유대인 역시 아람어를 채택했고 유다에서는 아람어의 방언이 형성되었다. 이처럼 수정된 서체로 쓴 글은 주전 3세기 말에 기원을 두고 있다. 앗수르 혹은 네모꼴 서체(square script)로 알려진 '유대식' 서체는 변화를 거듭하며 주후 2세기까지 기존 히브리어 서체를 대신했다.

'유대식' 서체가 활용된 시기부터 알파벳의 발전 경로가 뚜렷이 구별될 듯 싶다. 이를테면, 장식 네모꼴(ornate square) · 중간(intermediate) · 흘림체(cursive)는 용도가 다양하게 나타났다. 성전이 파괴되어 뿔뿔이 흩어진 이후에는 여러 공동체가 각자의 서체를 만들기도 했는데 예를 들면, '동부(Eastern),' 세파르디(Sephardi), 아슈케나지(Ashkenazi), 이탈리아(Italian), 예멘(Yemenite), 페르시아(Persian), 비잔틴(Byzantine), 및 카라이트(Karaite) 등이 있다. '유대식'과 그로부터 발전한 서체는 사해사본(the Dead Sea Scrolls, 주전 300년부터 70년까지)과 카이로 게니자(Cairo Genizah, 주후 8-9세기가 가장 최근) 필사본에서 발견됐다.

그러나 인쇄술의 발달로 특정 서체가 유럽 전역에 확산되었다. 오늘날 이스라엘은 주로 아슈케나지와 세파르디체를 혼용한다.

모음부호(니쿠드)

문법적으로 옳은 발음을 제시할 요량으로 각 문자에 기호나 점으로 표시하는 부호를 일컫는다. 오늘날 모음부호는 티베리안(Tiberian)식으로 13개의 부호를 대개 문자 밑에 둔다. 그 밖에도 7개로 된(문자 위나 사이에 둔다) 팔레스타인 부호를 비롯하여, 6개의 모음과 1개의 반모음(schwa na')으로 이루어진(대부분 문자 위에 붙인다) 바벨론 단순 부호(the simple Bablyonian system)와 강·약자음을 표시하는 바벨론 확장 부호(the ornate Babylonian system)가 있다. 모음부호는 주후 7-9세기 중엽 사이에 발달한 것으로 추정된다.

히브어리 문자의 발음

문자	이름	음역표기	발음
א	알레프	'(ㅇ)	음가가 없다. 단어의 중간에 오면서 모음부호를 가지지 않으면 소리가 없으나 모음부호를 가지면 모음부호만 발음하면된다.
בּ	베이트	b(ㅂ)	완전한 ㅂ소리(문자가 가슴에 점을 가짐)
ב		v(∀)	영어에서v소리가벼운 ∀(문자가점을가지지않음)
גּ	기멜	g(ㄱ)	완전한 ㄱ소리(문자가 점을 가진 때와 가지지 않을 때 발음이 동일하다)
ג		gh(ㄱ)	완전한 ㄱ소리
דּ	달레트	d(ㄷ)	완전한 ㄷ소리(가슴에 점을 가질 때와 가지지 않을 때 발음이 동일하다)
ד		dh(ㄷ)	완전한 ㄷ소리
ה	헤이	h(ㅎ)	ㅎ소리
ו	바브	v,w(∀)	베이트이가 가슴에 점을 가지지 않은 문자와 같은 소리
ז	자인	z(ㅈ)	ㅈ소리
ח	ㅎ케이트	ch(ㅎㅋ)	ㅎㅋ이 합쳐진 소리
ט	테이트	t(ㅌ)	ㅌ소리
י	요드	y(요)	영어의 y와 같은 음가로 한글 표기는 없다.
ךּ, כּ	카프	k(ㅋ)	가슴에 점을 가지면 ㅋ
ך, כ		kh(ㅋㅎ)	가슴에 점이 없으면 ㅋ과 ㅎ이 합쳐진 소리
ל	라메드	l(ㄹ)ㄹ	영어 l과 같은 소리로 한글 음가로는 ㄹ을 두 번 발음하면 된다.
ם, מ	멤	m(ㅁ)	ㅁ소리
ן, נ	눈	n(ㄴ)	ㄴ소리
ס	싸메ㅎㅋ	s(ㅆ)	된 ㅅ소리
ע	아인	'(ㅇ)	알레프와 마찬가지로 음가가 없다. 모음부호를 가지면 모음부호만 읽으면 된다.
פּ	페이	p(p)	가슴에 점을 가지면 ㅍ소리
פ		ph(f)	가슴에 점을 가지지 않으면 영어에서 f소리
ץ, צ	ㅊ자디	tz, ts(ㅊㅈ)	한글의 ㅊ과 ㅈ을 합친 소리
ק	코프	q(ㅋ)	ㅋ소리
ר	뢰이쉬	r(ㄹ)	영어에서 r소리로 한글 표기로는 ㄹ소리
שׁ	쉰	sh(쉬)	영어에서 sh소리로 한글 표기로는 쉬 소리

שׂ		s(ㅆ)	쉰의 왼쪽위에 점을 가지면 한글의 된 ㅅ소리
תּ	타브	t(ㅌ)	ㅌ소리
ת		th(ㅌ)	가슴에 점을 가지나 가지지 않으나 동일하게 ㅌ소리

모음부호의 발음

	모음부호	이름	음역표기	발음
1) 장모음	Xָ	카마츠가돌	ā	긴 ㅏ
	Xֵ	체이레이	ē	길게 ㅔ이
	Xִי	히릭가돌	ī	긴 ㅣ
	Xוֹ	홀람	ō	긴 ㅗ
	Xוּ	슈룩	ū	긴 ㅜ
2) 단모음	Xַ	파타흐	a	짧은 ㅏ
	Xֶ	세골	e	짧은 ㅔ
	Xִ	히릭카탄	i	짧은 ㅣ
	Xָ	카마츠카탄	o	짧은 ㅗ
	Xֻ	쿠부츠	u	짧은 ㅜ
3) 반모음	Xְ	슈바	ᵉ	아주 짧게 ㅡ와 ㅓ가 합쳐진 발음
	Xֲ	하타프파타	a	매우 짧은 ㅏ
	Xֱ	하타프세골	e	매우 짧은 ㅔ
	Xֳ	하타프카마ㅊㅈ	o	매우 짧은 ㅗ

히브리어 알레프 베이트의 문자 변화의 역사

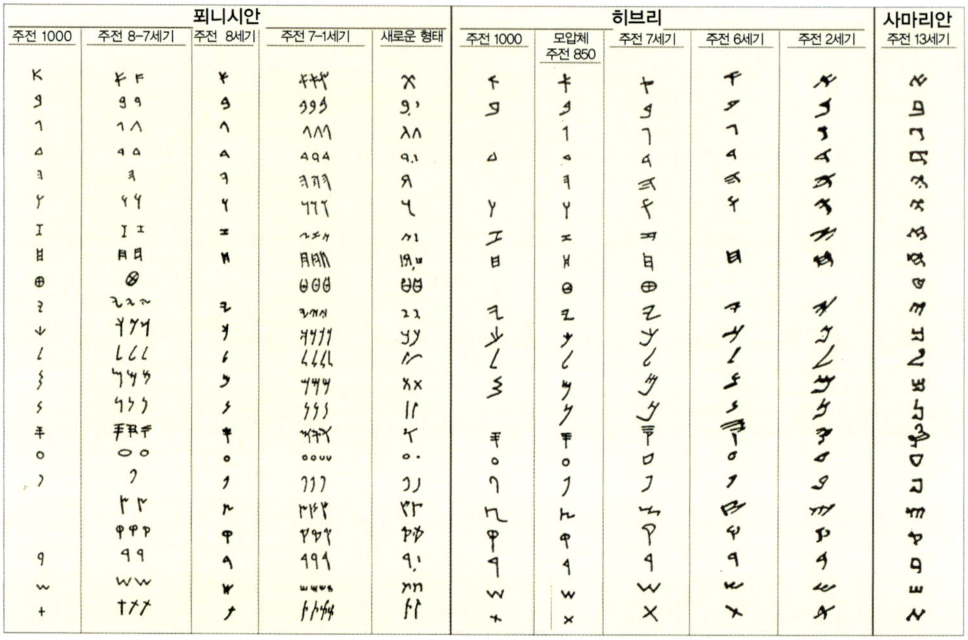

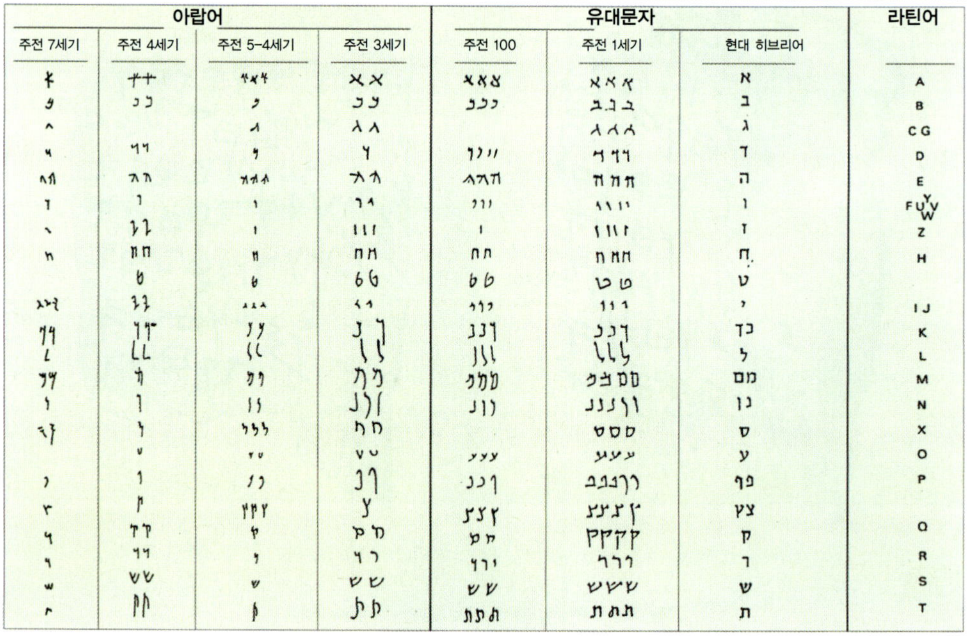

부록 B

유대인 달력

히브리 달력상 '하루'는 일몰에서 이튿날 일몰까지를 가리킨다. 태양과 달의 주기로 각각 연·월을 계산하는데 음력은 약 354일이나 양력은 365일이므로 매년 음력을 태양력에 맞춰 조정해야 한다. 그러지 않으면 절기는 매년 11일씩 앞당겨질 것이다. 이를 위해 359년 탈무드 학자인 힐렐 2세는 19년을 주기로 일곱 차례(3, 6, 8, 11, 14, 17 및 19) 한달을 추가하여 제 2 아달월을 만들었다. 우리나라 음력도 3년에 한달씩 윤달이 들어 온다. 그러나 같은 달에 오는 것은 아니다. 그러나 유태인들은 항상 같은 달에 윤달이 오도록 만들었다.

가장 오래된 히브리 달력으로는 주전 10세기 왕정시대가 시작될 무렵에 쓰인 '게젤 달력(Gezer Calendar)'을 꼽는데 각 달은 농사일의 주기에 맞춰 이름을 지었다(이를테면, 파종기와 늦파종기, 아마 추수기, 보리 추수기, 밀 추수기, 포도 수확기 및 무화과 수확·건조기 등).

그러나 성경은 서수를 붙여가며 불렀다(니산월은 '첫째 달'이며 이야르월은 '둘째 달'

등). 특정 명칭이 있는 달은 니산(아빕Abib—봄)과 이야르(시브Ziv—광채), 티슈리(에다님Ethanim—힘) 및 마르헤시반(불Bul—생산) 넷이 있으며 아카드어와 아시리아 혹은 바벨론에 기원을 둔 이름을 쓰나 그 의미는 분명치가 않다(순서대로는 티슈리, 마르헤시반, 키슬레이브, 테베트, 슈바트, 아달, 니산, 이야르, 시반, 타무즈, 아브 및 엘룰).

게젤 달력은 추수기(gathering)로 시작하나 성경은 애굽 탈출이 시작된 니산월을 정월로 규정했고[9] 얼마 후에야 티슈리월에 정월 초하루(로쉬 하샤나)가 추가됐다. 미쉬나에 따르면, 티슈리월 초하루는 '모든 해와 휴경년, 희년, 파종 및 채소'의 설날이나, 니산월 1일은 왕과 순례절의 새해라고 한다. 성전이 파괴되어 왕조의 명맥이 끊어진 후에는 대체로 니산대신 티슈리월을 정월로 삼았다.

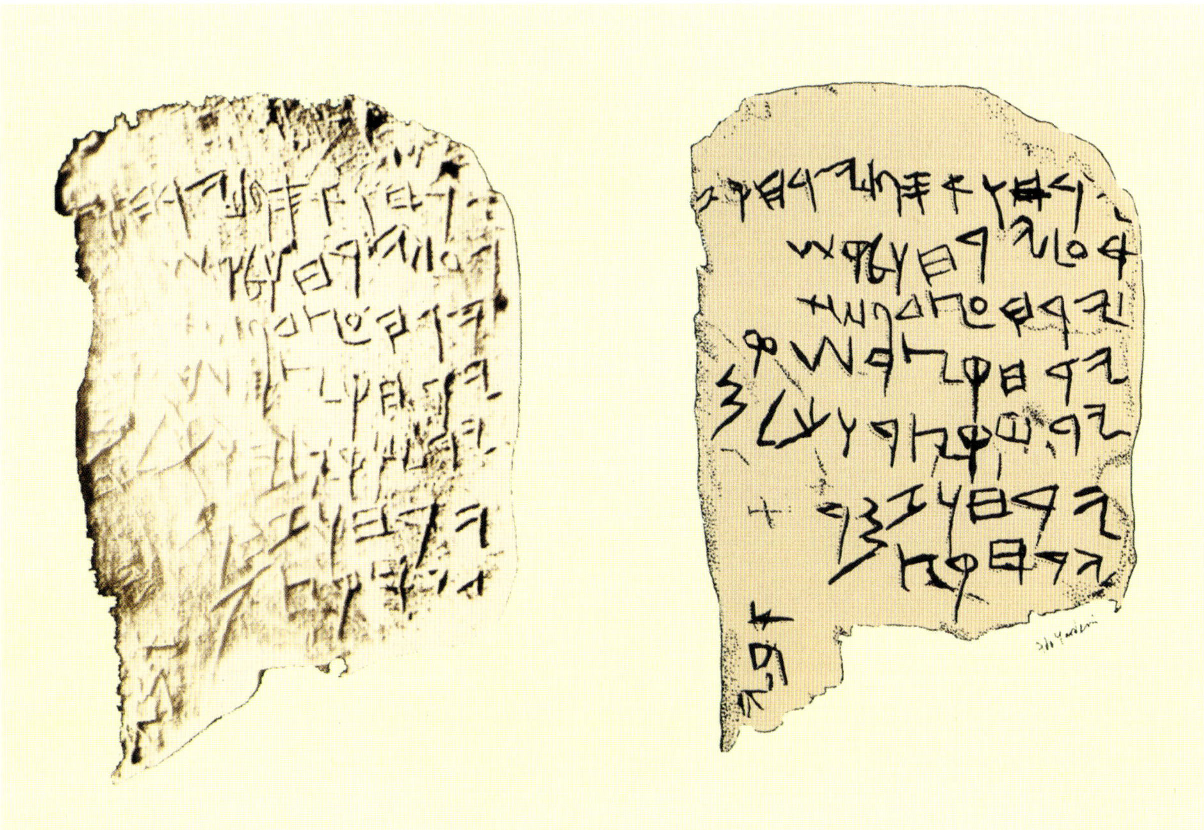

게젤 달력,
주전 10세기 탁본(오른쪽)

히브리 연대기는 대개 유대 전통에 근거, 천지창조에서 시작되며 유대력은 태양력에 3760년을 더한다(유대력에서 3760년을 빼면 우리가 사용하는 연도가 나온다).

9) 유대인은 두개의 달력이 있는데 민간력과 종교력이다. 게젤 달력을 민간력이라 부른다. 이 달력은 우리가 사용하는 태양력 9월에 새해가 시작된다. 종교력은 출애굽기 12장 2절에 근거하여 새롭게 정하여진 달력이다. 하나님께서 모세를 부르시고 이제 이달을 1월로 하라고 말씀하시므로 민간력 7월 니산월이 종교력으로 1월이 되었다.

유대인 절기 달력

월	민간력	종교력	기원과 의미	기간(일)	별자리	유대(이스라엘)절기
1 티슈리	9-10	히브리 달력의 첫 달, 니산월 기준 7월	아카드어(Tashritu, 시작) 성경은 에다님(힘)월로 표기	30	천칭	1-2 로쉬 하샤나, 3 그다랴의 금식일(그다랴 총독의 암살을 기념(왕하 25:25), 10 대속죄일, 15-21 초막절, 21 호산나 라바, 22 슈미니 아쩨레트 및 심하 토라
2 마르헤시반	10-11	티슈리 기준 둘째 달, 니산월 기준 8월	아카드어(Varhu samnu, 8번째 달), 헤시반으로 줄여 부른다. 성경은 '불월(Bul, 생산)'로 기록	29 혹은 30	전갈	
3 키슬레이브	11-12	티슈리 기준 3번째 달, 니산월 기준 9월	아카드어(Kislimu, Kislivu)	29 혹은 30	사수	25 하누카(테베트월 2 혹은 3일까지 8일간)
4 테베트	12-1	티슈리 기준 4번째 달, 니산월 기준 10월	아카드어(Tebeitu, 뜻은 '밑으로 지는 달'로 추정)	29	염소	1-3 하누카 마지막 3일, 10 테베트월 금식일(느부갓네살이 예루살렘을 포위)
5 슈바트	1-2	티슈리 기준 5번째 달, 니산월 기준 11월	아카드어(Shabatu, 폭우의 달)	30	물병	15 식목일
6 아달	2-3	티슈리 기준 6번째 달, 니산월 기준 12월	아카드어(Addaru, 타작하는 달)	29, 윤년(아달1은 30, 아달2는 29)	물고기	7 모세의 탄생과 죽음, 무명용사 기념일과 일치, 13 에스더 금식일, 14 부림절, 15 수산 부림절
7 니싼	3-4	유대 종교력 정월.	아카드어(Nisannu), 성경은 아빕월(봄)로 기록	30	양	14 유월절 전야 15-21 유월절 16 오멜 계수(오순절까지 49일) 27 홀로코스트 기념일
8 이아르	4-5	니산월 기준 2월	아카드어(Ayaru), 성경에서는 시브월(광채)	29	황소	4 이스라엘 순국자(Fallen Soldeirs) 기념일, 5 이스라엘 독립기념일, 18 라그 바오멜
9 시반	5-6	니산월 기준 3월	아카드어(Simanu)	30	쌍둥이	6 오순절(혹은 칠칠절), 시내산에서 율법을 받은 날과 초실절을 기념
10 타무즈	6-7	니산월 기준 4월	바벨론어	29	게	17 타무즈 금식일(예루살렘이 무너짐)
11 아브	7-8	니산월 기준 5월	아카드어로 'Abu' 혹은 'Menahem(위로자) Av'	30	사자	9 아브월 9일 금식일(제1,2성전 파괴), 15 포도원 축제
12 엘룰	8-9	니산월 기준 6월	아카드어(Elulu, 추수 혹은 추수기)	29	처녀	

오늘날 성지

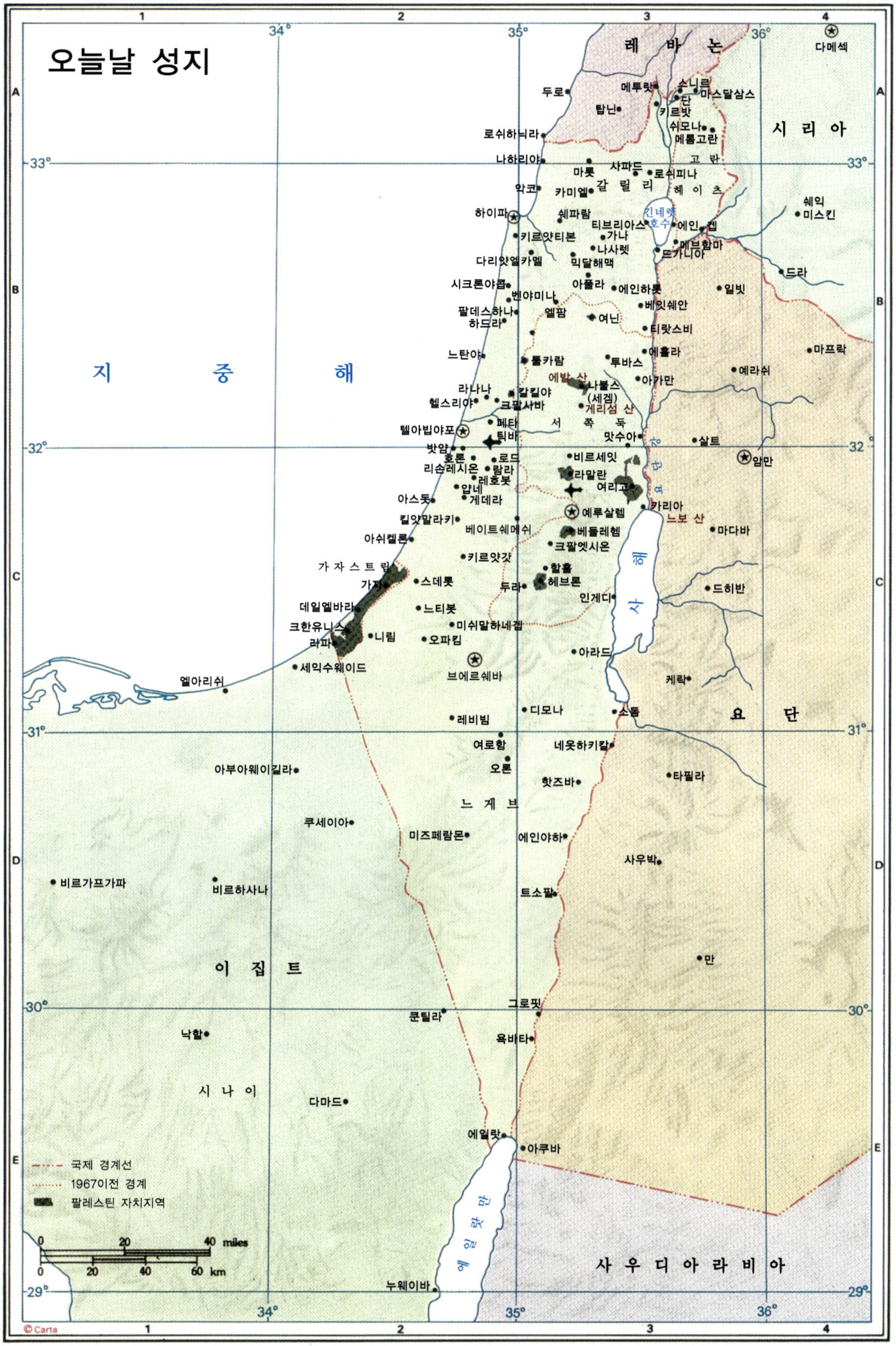

레 바 논
시 리 아
지 중 해
이 집 트
요 단
시 나 이
사 우 디 아 라 비 아
갈 릴 리
고 란
헤 이 츠
서 쪽 둑
느 게 브
가 자 스 트 립
긴네렛 호수
사 해
요단 강
에일랏 만
다메섹
두로
메투랏
스니르
단
마스달삼스
탑닌
키르밧
쉬모나
메롬고란
로쉬하닉라
나하리야
사파드
로쉬피나
마롯
악코
카미엘
하이파
쉐파람
티브리아스
에인
겝
가나
키르얏티본
메브함마
나사렛
드가니아
다리얏엘카멜
믹달해맥
아풀라
에인하롯
시크론야콥
벤야미나
엘팜
벧쉬안
팔데스하나
하드라
여닌
티랏스비
느탄야
에훌라
툴카람
투바스
에발 산
나불스
(세겜)
아가만
라나나
칼킬야
헬스리야
크팔사바
게리심 산
페타
틱바
텔아빕야포
맛수아
살트
밧얌
호론
로드
비르세잇
암만
리숀레시온
람라
라말란
레호봇
여리고
얍네
게데라
아스돗
카리아
느보 산
예루살렘
킬얏말라키
베이트쉐메쉬
마다바
베들레헴
아쉬켈론
크팔엣시온
키르얏갓
할훌
헤브론
가자
스데롯
두라
드히반
데일엘바라
인게디
느티봇
크한유니스
미쉬말하네겝
라파
니림
오파킴
아라드
세익수웨이드
브에르쉐바
엘아리쉬
케락
디모나
소돔
레비빔
여로함
네웃하키칼
오론
타필라
아부아웨이길라
핫즈바
쿠세이아
미즈페람몬
에인야하
사우박
비르가프가파
비르하사나
트소팔
만
그로핏
쿤틸라
낙할
욥바타
다마드
에일랏
아쿠바
누웨이바
드라
일빗
마프락
예라쉬
쉐익
미스킨
국제 경계선
1967이전 경계
팔레스틴 자치지역
miles
km
© Carta